Uwe Birnstein

Argula von Grumbach

Uwe Birnstein

Argula von Grumbach

Das Leben der bayerischen Reformatorin

NEUFELD VERLAG

Zitate Argula von Grumbachs sind kursiv gesetzt. Zur besseren Verständlichkeit sind sämtliche Zitate im Regelfall in heutiges Deutsch übertragen.

Dieses Buch ist auch als E-Book erhältlich:
ISBN 978-3-86256-749-2, Bestell-Nummer 590 048E

Die Deutsche Bibliothek verzeichnet diese Publikation in der Deutschen Nationalbibliografie; detaillierte bibliografische Daten sind im Internet über www.d-nb.de abrufbar

Redaktionelle Mitarbeit: Sonja Poppe
Umschlaggestaltung: spoon design, Olaf Johannson
Satz: Neufeld Media, Weißenburg in Bayern
Herstellung: freiburger graphische betriebe GmbH & Co. KG, Freiburg

© 2014 Neufeld Verlag Schwarzenfeld
ISBN 978-3-86256-048-6, Bestell-Nummer 590 048

www.neufeld-verlag.de / www.neufeld-verlag.ch

Bleiben Sie auf dem Laufenden:
newsletter.neufeld-verlag.de
www.facebook.com/NeufeldVerlag
www.neufeld-verlag.de/blog

NEUFELD VERLAG

INHALTSVERZEICHNIS

„Argula – wie bitte?" Ich kann mich noch erinnern, was ich dachte, als ich den Namen zum ersten Mal hörte. „Argula" – das klang nach einem Wesen nicht von dieser Welt, irgendwo anzusiedeln zwischen Römersaga und Raumschiff Enterprise. Doch dann näherte ich mich jener Argula und erfuhr, dass sie eine hochwohlgeborene „Freiin von Stauff" war. Ich las ihre Schriften – und es taten sich mir Welten auf. Da hatte eine fromme adelige Frau aus der fränkischen Provinz den Gelehrten ihrer Zeit die Leviten gelesen. Nicht nur denen, auch den Politikern, den bayerischen Herzögen sogar. Bibelkundig und selbstbewusst hatte sie gemahnt, den wahren Glauben genauso wenig zu unterdrücken wie die Lehren Martin Luthers und all der anderen Reformatoren; traten die doch wortmächtig dafür ein, dass sich der Glaube bitteschön an der Bibel orientieren solle und nicht an der Kirche oder dem, was die Kleriker und Schriftgelehrten behaupteten.

Argula, verheiratete „von Grumbach": Die Menschen spürten, dass ihre Worte die Wahrheit trafen und zur rechten Zeit kamen. Deswegen wurden ihre Briefe zigtausendfach gedruckt; sie wurde zu einer Bestsellerautorin ihrer Zeit. Ich stelle mir vor, wie bei den Leserinnen und Lesern der Mut wuchs und der heilige Zorn über all die Unverschämtheiten einer selbstgerechten Kirche, die es wagte, Gott für ihre mickrigen Eitelkeiten und hybriden Machtpläne in Anspruch zu nehmen. Ihr Ehemann teilte Argulas Glaubensleidenschaft nicht – er ließ sie dennoch gewähren. Friedrich von Grumbach: ein neuer Mann, der das ganz und gar unübliche Engagement seiner Frau tolerierte, sogar als er ihretwegen seine Stelle als Landpfleger verlor? Was für eine Geschichte! Und dann hatte diese Frau auch noch den Mut, Martin Luther zu besuchen, den „großen" Reformator, um mit ihm Theologisches und Privates zu besprechen!

Auf die Spuren dieser Frau wollte ich mich begeben. Zwei Männer der Reformation hatte ich bereits porträtiert: Philipp Melanchthon, den gebildeten Humanisten an Luthers Seite, und Johannes Calvin, den bärbeißigen Reformator Genfs, dem jedes Mittel Recht war, Gottes „Ehre" rein zu halten. Argula eröffnete mir eine andere Perspektive der Reformation. Da machten sich einfache Menschen aus dem Volk, Nichtstudierte, auf, die Welt des Glaubens zu entdecken. Und als sie fündig wurden, vertrauten sie nur ihrem Herzen und ihrem Gewissen und traten couragiert für das Erkannte ein. Nicht unbedingt als Luther-Fans, sondern als eigenständige Menschen, die sich mutig ihres eigenen Verstandes und Glaubens bedienten. Viele Frauen gehörten zu dieser Bewegung, die heute womöglich „Reformation von unten" heißen würde. Argula ist eine der außergewöhnlichsten von ihnen.

Argulas Spuren entdeckte ich bei meinen Reisen durch Bayern an vielen Orten: in ihrem Geburtsort Beratzhausen, natürlich; in der wunderschönen Region entlang der Laber und im Altmühltal, wo Dietfurt liegt, jener Ort, in dem sie ihren ersten und berühmten Sendbrief schrieb. Aber auch in den Städten: an der Ingolstädter „Hohen Schule", in München, Nürnberg und Regensburg. Und dann auf der Veste Coburg, wo Argula Luther besuchte und wo die Vögel unter dem Fenster seiner Kammer genauso zwitscherten, wo der Blick heute genauso in die Weite geht wie damals. Wer die Menschen aus vergangener Zeit kennenlernen möchte, sollte sich nicht mit dem Studium ihrer Schriften begnügen. Gerade bei Argula ist das Erkunden ihres Lebensumfelds relativ leicht und noch dazu von touristischen Hochgenüssen sowie allerfeinsten Kultur- und Naturerlebnissen gekrönt. Pilgern ist keine urkatholische Angelegenheit. Eine Zeit lang unterwegs zu sein, innezuhalten und sich dem Wesentlichen zu öffnen: Diese gute Erfahrung machen immer mehr Evangelische. Die Lebens- und Wirkensorte Argula von Grumbachs bieten dafür ideale Ziele. Im Anhang dieser Biografie finden Sie Informationen und Tipps für Ihre ganz persönliche Begegnung mit Argula von Stauff.

Santa Maria del Camí, Februar 2014
Uwe Birnstein

BIOGRAFIE –
DAS LEBEN DER ARGULA
VON GRUMBACH

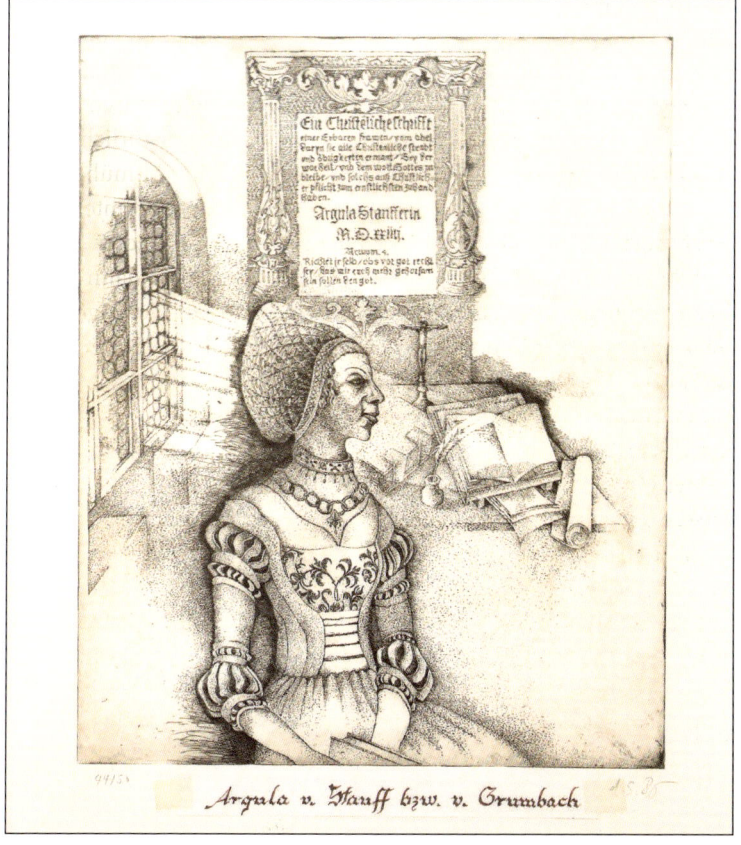

Bild eines unbekannten Künstlers in der Sakristei der evangelischen Kirche von Beratzhausen.

Kindheit zwischen Fantasy und Bibel

Ritterliche Kindheit

„Gramaflanz". „Sekundilla". „Freirafis". Was sind das für Eltern, die ihren Kindern so seltsame Namen geben? Zunächst: solche, die sich von einem Fantasy-Buch offenkundig mehr inspirieren lassen als von der Bibel. Reichsfreiherr Bernhardin von Stauff und seine Frau Katharina von Törring hatten den Parzival gelesen, jene 25.000 Reime umfassende Erzählung, in die der Dichter Wolfram von Eschenbach um 1200 eine Heldensaga rund um ritterliche Treue und hinterhältigen Verrat, um den Heiligen Gral und die sagenhafte Tafelrunde, um mutige Männer und selbstbewusste Frauen gefasst hatte. So angetan waren die Adligen aus dem ostfränkischen Beratzhausen, dass sie ihre Kinder lieber auf die Namen der Helden aus diesem Reimroman tauften als auf die Namen christlicher Heiliger. So kam es, dass die Zweitgeborene, die irgendwann im Jahr 1492 das Licht der Welt erblickte, nicht Maria hieß, sondern Argula. Frei nach Orgeluse, jener stolzen Herzogin aus dem „Parzival", die so klug wie reizvoll mächtige Männer um den Finger wickelt. Der Name – ein Programm?

Kämpfe war die Stauffer-Familie gewohnt. Dabei ging es allerdings nicht um den Heiligen Gral, sondern schlicht um die Macht und Unabhängigkeit des fränkischen Ritterstandes. Katharina, mit Argula schwanger, wird große Sorgen um sich und ihr Kind ausgestanden haben. Denn ausgerechnet während dieser Zeit tobte der kriegerische Zwist zwischen dem bayerischen Herzog Albrecht IV. und den im sogenannten Löwlerbund zusammengeschlossenen freiheitsbedachten Rittern seinem Höhepunkt entgegen – leider zum Nachteil der Ritter. Anfang des Jahres plünderten und verwüsteten des Herzogs Truppen Burg Ehrenfels und das Dorf Beratzhausen, Wohnort der Stauffer-Familie. Grausam ging es zu für die Bevölkerung, „die armen Frauen wurden bei der Plünderung ihrer Kleider entblößt, an ihrem Leib gepeinigt in der Meinung, Geld zu finden", berichtet ein Chronist. Die Schätze der Stauffer werden entwendet und nach München gebracht. Ein empfindlicher Verlust, von dem sich die einst reiche und bedeutende Familie nie erholen wird. Noch fünfzig Jahre zuvor war sie einflussreich und wohlhabend gewesen. Nun ist ihr Niedergang besiegelt. Auch ein rascher Friedensschluss mit dem Herzog verhindert das nicht. Dass ihr Vater *unter den Herren von Bayern verdorben und seine Kinder zu Bettlern geworden sind*, erinnert sich Argula später an diese Zeit.

Turmruine der Burg Ehrenfels bei Beratzhausen.

Ihre Großeltern Hans von Stauff, einst Herr von Ehrenfels, und seine Frau Margarethe Schenk von Geyern werden der kleinen Argula von den guten Jahren erzählt haben. Da war ihr Vermögen so groß, dass sie

Bischöfen und Herrschern Kredite und Bürgschaften gewähren konnten und wichtige Positionen in der Kirche besetzten. Reichtum war das eine – Ansehen das andere. Das hatte sich der Großvater auch durch eine Pilgerreise nach Venedig und ins Heilige Land erworben. Am Heiligen Grab hatte er den Ritterschlag empfangen. Wo die biblischen Geschichten spielten, wusste er nun aus eigener Anschauung. Nach seiner Rückkehr gab er bei dem Künstler Berthold Furtmeyr eine illustrierte deutschsprachige Bibel in Auftrag. 1472 war sie fertiggestellt – prächtige Miniaturen zeigen biblische Szenen weiser Männer und starker Frauen: Judith, die erst den feindlichen Holofernes betörte, ihm dann den Kopf abschlug; Esther, die kluge Gattin des persischen Königs; Ruth, die mutige Witwe. Die Anfangsseite zeigt Maria mit dem Jesuskind auf einer Mondsichel. Darunter knien anbetend – nein, nicht die drei Weisen aus dem Morgenland, sondern die hübschen Großeltern Argulas in jungen Jahren. Sie werden ihrer Enkelin erzählt haben, dass diese Bibel leider vom Herzog entwendet wurde und nun im fernen München sei, am Hof des Herzogs. Im Herzen Bayerns sozusagen.

Die geschenkte Bibel

Diese Mischung aus adligem Standesbewusstsein und Wertschätzung des christlichen Glaubens wird Argula auch von ihren Eltern Bernhardin und Katharina vermittelt. Als sie zehn Jahre alt ist, schenkt ihr der Vater eine deutsche Bibel, ähnlich prächtig illustriert wie die verlorengegangene der Großeltern. Sie stammt aus der Nürnberger Druckerei des Anton Koberger. Hier kann Argula Bilder zu den biblischen Geschichten sehen, die ihr erzählt wurden: wie die Welt und die Menschen erschaffen wurden; wie Moses die Gesetze Gottes empfängt. Sie sieht Engel und Drachen im Kampf und erahnt die Schrecken des Jüngsten Gerichts. In ihrem kindlichen Kopf kommt vieles zusammen: die Sagen rund um Parzival und den Heiligen Gral, die Erzählungen der Bibel und die fantasievollen Berichte aus dem damaligen Volksbuch des Fortunatus', der mit einem nie versiegenden Wunschhut um die Welt reist und allerlei märchenhafte Dinge erlebt. Offenkundig war

Argula schon als Kind sehr beflissen im Lesen. So wird ihr der Rat einiger umherziehender Mönche seltsam vorgekommen sein, die ihr verboten, die deutsche, vom Vater geschenkte Bibel zu lesen.

Zu den Lesewelten treten eigene Reiseerfahrungen. Mutter Katharina, ebenfalls aus einer angesehenen Adelsfamilie stammend, dem bayerischen Geschlecht Toerring (auch: Thering), nahm ihre Tochter oft mit: nach Köfering zum Beispiel, ins dortige Schloss, das Hieronymus Stauff gehörte, dem Bruder von Argulas Vater Bernhardin. Und nach Regensburg, in die große Handelsstadt, in der Menschen aus aller Herren Länder zusammenkamen und Geschäfte abschlossen.

Holzstich aus Argulas Jugendlektüre „Fortunatus"

Argulas Eltern wollten den Erfahrungshorizont ihrer Tochter noch mehr weiten. Als sie fünfzehn Jahre alt ist, schicken sie sie an den Münchner Herzogshof, was keineswegs selbstverständlich ist nach den Kämpfen, die ihr Vater mit dem Herzog ausgefochten hatte. Doch inzwischen haben sich neue Konstellationen ergeben im endlosen Machtgeplänkel der bayerischen und fränkischen Herrscher. 1504 hatten sich Argulas Vater und dessen Bruder auf die Seite Herzog Albrechts IV. geschlagen. Bernhardin hatte eine gute Stelle in Landshut erhalten, Hieronymus diente als Hofmeister für Wilhelm und Ludwig, die Söhne des Herzogs. Verständlich also, dass Argula Hofluft im soeben zur bayerischen Hauptstadt erklärten München schnuppern sollte. Als Hofdame der Herzogin Kunigunde sollte sie Manieren in Adelshäusern kennenlernen und Kontakte knüpfen. Dass dieser Plan aufgeht, sie dort als Kind sogar mit dem Jungen spielt, der später bayerischer Herzog wird, konnte niemand ahnen.

Hofdame bei Kunigunde

1507 kommt das Landmädchen Argula in die Hauptstadt Bayerns, sie zieht in die Neue Veste. Das Wasserschloss gehört damals zur Residenz des Herzogs Albrecht IV. Die fünfzehnjährige Argula erlebt eine Stadt, in der der Geist der Veränderung weht; viele Reisende kommen über die Alpen aus Norditalien und bringen das Lebensgefühl der dortigen Renaissance mit nach München. Der Hof feiert prächtige Feste, auf den Straßen der Stadt finden große Märkte statt. Und was für Menschen sie am Hof trifft: den alten Herzog Albrecht IV., den einstigen Widersacher ihres Vaters, dessen Kinder Wilhelm und Ludwig, nur wenig jünger als sie selbst, werden zu Spielkameraden; deren Lehrer Johannes Aventinus, einen Gelehrten Historiker und Philologen, der sogar in Paris studiert hat. Und dann noch Kunigunde, die Herzogin, Tochter des 1492 verstorbenen Kaisers Friedrich III. Den allerdings hatte Kunigunde ziemlich gegen sich aufgebracht, als sie 1487 ohne sein Wissen den bayerischen Herzog in Innsbruck heiratete und nach München zog. Kunigunde ist eine außergewöhnlich belesene Frau, sie hat sogar eine eigene kleine Bibliothek, in der auch die Werke antiker Autoren stehen. In viele der Bücher trägt sie eigenhändig Kommentare ein.

1508 war ein Schicksalsjahr für Kunigunde: Im Februar Freude über die Krönung ihres Bruders Maximilian zum Kaiser des Heiligen Römischen Reiches; im folgenden Monat Trauer um den Tod ihres Mannes Albrecht IV. Argula wird die Trauer ihrer Herzogin miterlebt haben – und die Konsequenzen: Kunigunde zieht aus der Neuen Veste ins „Pütrich-Regelhaus", ein nahegelegenes franziskanisches Frauenkloster. Dort will sie von nun an ein einfaches und kontemplatives Leben führen. Sie nimmt viele Bedienstete und viele Bücher mit –

unter anderem jene Furtmeyr-Bibel, die Argulas Großvater in Auftrag gegeben hatte und die 1492 im Zuge des Krieges in Burg Ehrenfels erbeutet und nach München gebracht worden war. Im Kloster liest Kunigunde viel und animiert die Ordensschwestern zu eigenen Schreibtätigkeiten.

*Erzherzogin Kunigunde. Bronzestatue in
der Innsbrucker Hofkirche.*

Mag sein, dass Kunigundes Trauer der jungen Argula im Jahr darauf zum Vorbild wurde. Denn da erfährt sie vom Tod ihrer Eltern. Der Vater stirbt, wenige Tage danach die Mutter. Sie sind Opfer der Pest, die in der Region wütet. Argula ist siebzehn Jahre alt. Als die Todesnachricht eintrifft, sind die Eltern bereits beerdigt. Trost erfährt sie am Hof auch von Wilhelm, dem Sohn Kunigundes. Als der später bayerischer Herzog ist, erinnert sie ihn in einem Brief an seine tröstenden Worte im Sommer 1509, damals habe er ihr gesagt: „Ich soll nicht weinen, er wolle nicht nur mein Landesfürst, sondern auch mein Vater sein." Die Art von Sorge, die Argula im Jahr 1524 plagen wird, wenn sie sich dieser Worte erinnert, wird ganz anders, aber nicht minder tiefgehend sein.

Ehefrau mit großem Netzwerk

Die Staufferin wird Frau von Grumbach

Der Tod des Vaters hinterlässt ein Vakuum in Argulas Leben. Wer ist nun erziehungsberechtigt für sie? Der Bruder ihres Vaters, der für den Herzogshof arbeitende Hieronymus, übernimmt die Vormundschaft. Herzogin Kunigunde wird für Argula so etwas wie eine Ziehmutter.

Womöglich ist auch Argulas Heirat mit dem fränkischen Adligen Friedrich von Grumbach eine Folge der Trauer um den Vater. Nicht strategische Heiratspolitik, sondern gegenseitige Zuneigung könnte der Grund für die Eheschließung gewesen sein, vermutet Argula-Biograf Peter Matheson, der das bis vor kurzem mit 1516 angegebene Heiratsjahr nach dem Fund des Ehevertrages auf den 19. Oktober 1510 vordatierte. In der Urkunde festgelegt: 1100 Gulden bringt Argula als Mitgift in die Ehe; die Witwenversorgung wird auf dieselbe Höhe angesetzt, zusätzlich erhält die Braut eine Morgengabe in Höhe vom 300 Gulden. Als Sicherheit dient der Grumbach'sche Besitz in Lenting. Bestandteil des Vertrages ist auch Argulas Verzicht auf sämtliche Erbansprüche auf die Burg Ehrenfels; dies habe sie ohne jeden Einfluss seitens ihres Onkels und Vormunds Hieronymus von Stauff unterschrieben, gibt Argula – freiwillig? – zu Protokoll.

Für Argula bedeutet die Heirat Umzug. Die folgenden Jahre verbringt sie in den Häusern der Grumbach-Familie, in Lenting und

Burggrumbach. Überall prangt das Familienwappen: ein Mohr auf gelbem Grund, drei rote Rosen in der Hand haltend (siehe Abbildung). Ähnlich wie die Stauffer hatten die Grumbachs ihre besten – das heißt mächtigsten – Zeiten bereits hinter sich. Viele Familienmitglieder besetzten allerdings wichtige Kirchenämter in der Würzburger Region und hatten großen Einfluss. Auch im Stand der freien fränkischen Reichsritterschaft waren die Familien verbunden. In Lenting hat Friedrich als Verwalter des Familienbesitzes die Aufgaben eines Hofmarksherrn zu erledigen, das bedeutet unter anderem: Er hatte die „Niedergerichtsbarkeit" auszuführen. Polizeiliche Aufgaben gehörten beispielsweise dazu, ebenso das Steuerwesen, notarielle Angelegenheiten und auch die Jagdaufsicht.

Nur noch aus der Ferne beobachtet Argula, was in München geschieht. Neugierig wird sie zur Kenntnis genommen haben, wie ihre vormalige Ziehmutter Kunigunde eine prominente vermeintliche Heilige entlarvte: Die Augsburgerin Anna Laminit (siehe Abbildung; Zeichnung von Hans Holbein d. Ä.) hatte vorgegeben, göttliche Offen-

barungen und Visionen zu empfangen. Ihr eilte der Ruf einer lebenden
Heiligen voraus – unter anderem, weil sie behauptete, schon jahrelang
kein Essen zu sich zu nehmen und folglich auch keine Ausscheidungen
zu haben. Mit solchen Geschichten faszinierte sie die Menschen der-
maßen, dass sie viel Geld sammelte, Spenden für wohltätige Zwecke
unterschlug und insgeheim zur reichen Frau wurde. Während seiner
Romreise im Jahr 1510/11 war auch Martin Luther auf diese Betrüge-
rin aufmerksam geworden, „es war mit ihr lauter Bescheißerei" und
teuflisches Werk, beschreibt er später Anna Laminit in einer Tisch-
rede. Belegt werden konnte der Betrug erst durch Kunigunde. Sie lud
Anna zu sich ins Kloster ein und beobachtete durch ein Loch in der
Wand zum Gästezimmer, wie die falsche Heilige heimlich aß und ihre
Exkremente entsorgte. Ein Triumph für Kunigunde.

Die politischen Veränderungen bekommen Argula und Friedrich
in Franken hautnah mit. 1511 wird Wilhelm, der Sohn und designierte
Nachfolger des bayerischen Herzogs Albrecht IV., volljährig. Dessen
Bruder Ludwig will Wilhelm nicht die Macht überlassen; unterstützt
wird er von seiner Mutter. 1514 kommt es zum offenen Machtkampf
zwischen den Brüdern. Hofmeister Hieronymus von Stauff heizt die
Stimmung an. Doch seine Strategie geht nicht auf. Als sich die Brüder

wider Erwarten versöhnen, entledigen sie sich des illoyalen Hieronymus'. Er wird festgenommen, gefoltert und auf dem Salzmarkt in Ingolstadt öffentlich hingerichtet. Argulas Vormund tot und gedemütigt – ein neuer Tiefpunkt in der Geschichte der Stauffer.

Familienleben in Dietfurt

Das Leben geht weiter – Friedrich macht Karriere. 1515 bekommt er die Stelle eines sogenannten Pflegers in Dietfurt übertragen, einer kleinen Stadt im Altmühltal. „Fritz" von Grumbach, wie er nun stets genannt wird, ist direkt dem bayerischen Herzog Ludwig unterstellt. In Dietfurt hat er mehr Machtbefugnis als in Lenting. Er muss die Hochgerichtsbarkeit ausüben, wirkt also auch als Landrichter. Ihm unterstehen nicht nur die Stadt, sondern auch geistliche Stifte und Klöster seines Bezirks. Außerdem erhält er nun mehr Geld; dem Paar und dem zweijährigen Sohn Georg geht es materiell sehr gut.

Informationstafel in Dietfurt, Argulas einstiger Wirkungsstätte.

Als Frau des Pflegers genießt auch Argula einiges Ansehen. Sie übernimmt viele Korrespondenztätigkeiten, Schreib- und Verwaltungsarbeiten. Zudem kümmert sie sich um die Bewirtschaftung der Güter und Weinberge. Und sie reist viel – nach Lenting und Burggrumbach, nach Ingolstadt und Regensburg. Ihre Stellung und die damit verbundenen Kontakte nutzt sie, um sich zu informieren und ihrem Bildungsdrang nachzukommen. Sie beobachtet die Vorgänge an der Universität Ingolstadt, die nahe des Familienbesitzes in Lenting liegt. 1472 war die Universität gegründet worden, die erste in Bayern; sie hatte sich der Bewegung des Humanismus geöffnet, das heißt: Sie übernahm deren Motto „Ad fontes", „zurück zu den Quellen". Die Sophistereien, also die ausgeklügelten Lehren der Philosophen und Theologen, helfen bei der Bewältigung von Problemen kaum, war man sich sicher. Stattdessen sei der Blick in die Originalschriften antiker Gelehrter oder auch der Bibel wichtig. Aus diesem Grund unterrichtete auch die Ingolstädter Universität die alten Sprachen Hebräisch (seit 1505) und Griechisch (seit 1515). Verwandte aus der Grumbach-Familie wie aus der der Stauffer studierten dort. Bildung wurde großgeschrieben in beiden Adelshäusern.

Neben der Verfolgung ihres eigenen unermüdlichen Bildungsdrangs versorgt Argula ihre Kinder, deren genaue Geburtsdaten unbekannt sind. Fest steht: Bis 1523 werden Georg (wahrscheinlich 1513), Hans-Jörg und Appollonia geboren. Argula sorgt sich um sie und möchte ihnen das ermöglichen, was sie selbst genießen durfte: die bestmögliche Erziehung.

Argulas evangelisches Netzwerk

Argulas Wissensdrang und Neugier äußern sich darin, dass sie Bücher liest – unter anderem Schriften der Reformatoren, auch die Martin Luthers. Sie erfährt von dem, was in Wittenberg geschehen war, während sie in Dietfurt lebte. Sie hört vom Dominikanermönch Johann Tetzel, einem schamlosen Schmarotzer, der 1517 im Umland der Stadt Ablassbriefe verkauft hatte, und von den Gläubigen, die meinten, sich damit von Sündenstrafen loskaufen zu können.

Und sie ist fasziniert von der Empörung des Augustinermönchs Martin Luther über diese Praxis. In 95 Thesen hatte der Ordensmann seine Kritik am Ablasswesen geäußert – wohlbegründet, wie es einem Professor der Bibel angemessen ist. Der Papst könne keine göttlichen

Strafen erlassen, argumentierte Luther; jeder Christ, der wahre Reue und Leid über seine Sünden zeige, sei von Strafe und Schuld befreit – dafür müsse er keinen Ablass erwerben. Jeder wahre Christ habe an allen Gütern Christi und der Kirche teil; Gott habe sie ihm auch ohne Ablassbrief gegeben.

Eine tiefe eigene Erfahrung steht hinter der harschen Kritik Luthers. In verzweifelten Anfechtungen hatte der Mönch erkannt: Die Liebe und Gnade Gottes lässt sich durch menschliches Bemühen nicht erlangen. Nicht der richtende, sondern der für die Sünden gestorbene Christus steht im Mittelpunkt des christlichen Glaubens. In der Bibel findet er diese Erkenntnis begründet, vor allem in den Schriften des Apostels Paulus. Wenn von der „Gerechtigkeit Gottes" die Rede sei, gehe es Paulus nicht um den richtenden Gott, der Gute belohnt und Böse bestraft, sondern um den barmherzigen Gott, der den Sünder aufgrund seines Glaubens annimmt. Allein aus Gnade und allein durch den Glauben sei der Mensch vor Gott gerechtfertigt. Gute Werke seien nicht die Voraussetzung, sondern die Konsequenz der Liebe, die Gott den Menschen schenkt.

Diese existenzielle Erfahrung verleiht den 95 Thesen ihre Kraft. Da hatte nicht nur ein Theologe vom Schreibtisch aus sachlich Richtiges geschrieben. Ein Mann, dem der Glaube zur existenziellen Wahrheit geworden war, wandte seine Erfahrung der Liebe Gottes auf die Kirchenpolitik an. Den Ablass entlarvte Luther als Menschenwerk, das der Bibel widerspricht.

So viel fromme Courage hatte Folgen – die nahm Luther in Kauf. Luthers Ordensobere versuchten, ihn zum Widerruf zu bewegen – erfolglos. Statt nachzugeben, schickte er seine Thesen sogar nochmals direkt an Papst Leo X. Hätte sein Landesherr, der sächsische Kurfürst Friedrich der Weise, ihn nicht unter seinen persönlichen Schutz gestellt – Luther wäre inhaftiert worden und sein Aufbäumen gegen die übermächtig erscheinende Kirche eine Marginalie der Kirchengeschichte geblieben. So viel Courage hatte dieser Mann gezeigt, dass er auf dem Reichstag zu Worms im Jahr 1521 sogar vor Kaiser und Bischöfen standhaft geblieben war: „Da mein Gewissen in den Worten Gottes gefangen ist, ich kann und will nichts widerrufen, weil es gefährlich und unmöglich ist, etwas gegen das Gewissen zu tun. Gott helfe mir.

Amen." Bewundernswert, diese Haltung: „Hier stehe ich, ich kann nicht anders". Wahrscheinlich wird Argula auch die Hauptaussage Luthers aus dessen 1520 erschienenem Buch „Von der Freiheit eines Christenmenschen" kennen: „Ein Christenmensch ist ein freier Herr über alle Dinge und niemand untertan. Ein Christenmensch ist ein dienstbarer Knecht aller Dinge und jedermann untertan." Womöglich wendet sie diese Erkenntnis auch auf sich selbst an: Christenmensch Argula, eine freie Frau über alle Dinge und niemandem untertan, weder ihrem Mann noch Kaiser noch Bischof. Wissend: Allein Gott ist Richter; allein durch Christus ist er erkennbar. Es kommt allein auf den Glauben an und allein auf die Gnade, die nur Gott zusprechen kann und die keiner Vermittlung durch die Kirche bedarf. Revolutionäre Gedanken, die die Macht der damaligen Papstkirche wesentlich beschnitten. Jeder Mensch solle wissen, was in der Bibel steht, forderten die Reformatoren – deshalb solle jede Frau und jeder Mann lesen lernen. Und deshalb übersetzte Martin Luther die Bibel in ein umgangssprachliches Deutsch, noch verständlicher als das in der Kobergerbibel, die Argula als Kind von ihrem Vater geschenkt bekommen hatte.

Nun, erwachsen, nimmt sie Kontakt mit Männern auf, die die Lehre der Bibel im Sinne Luthers verstehen. Der eine ist Paul Speratus; der Würzburger Stadtschreiber Martin Cronenthal stellt die Verbindung her. Der studierte Theologe, Jurist und Philosoph Speratus wirkt 1520 als Priester in Dinkelsbühl; dort liest er lutherische Schriften und ist fasziniert. Im Sommer wechselt er als Domstiftprediger nach Würzburg und bekennt sich zum neuen reformatorischen Glauben – nicht nur mit Worten, sondern auch durch die Aufgabe des Zölibats. Die Heirat kostet ihn sein Amt, er flieht nach Salzburg und Wien, wird als Ketzer exkommuniziert und gelangt über Wittenberg nach Königsberg. Argula schreibt Speratus; wahrscheinlich ist er es, der Martin Luther von der umtriebigen evangelischen Adligen berichtet.

Auch mit dem Humanisten Georg Spalatin beginnt Argula einen brieflichen Austausch; er schickt ihr eine Liste der deutschsprachigen Schriften Luthers. Als Berater des sächsischen Kurfürsten Friedrich des Weisen arbeitet Spalatin am Hof; in Wittenberg ist er mit Luther und Melanchthon befreundet, übersetzt sogar deren Schriften. Mehr als 300 Briefe Luthers an Spalatin sind überliefert. Die beiden tauschen sich auch über Argula aus. „Jene Argula errettet und führt Christus zum Sieg", schreibt Luther ihm einmal.

Ebenso gehört der an der Nürnberger St.-Lorenz-Kirche wirkende Theologe Andreas Osiander zu Argulas Brief- und Gesprächspartnern. Überzeugt von der Wahrheit der Lehre Luthers knüpft Osiander in Nürnberg ein Netzwerk reformatorisch gesinnter Männer und Frauen; der Maler Albrecht Dürer gehört ebenso dazu wie Stadtschreiber Lazarus Spengler und Ratsherr Willibald Pirckheimer. Und nach und nach wird auch Argula als „geliebte Schwester in Christo" Teil dieses Netzwerks.

Die Affäre Seehofer

Ritter und die Reformation

„An den christlichen Adel deutscher Nation von des christlichen Standes Besserung": Viele Adlige in Bayern kannten diese 1520 erschienene Schrift Luthers, wenn nicht aus eigener Lektüre, so doch vom Hörensagen. Und sie erkannten die Brisanz. Luther forderte die Fürsten auf, die Sache der Reformation selbst in die Hand zu nehmen, denn die Bischöfe würden sich dem wahren Christentum in den Weg stellen. Eindringlich appellierte er an den Adel, sich von den papstgläubigen Herrschern loszusagen.

Diese Aufforderung traf in der fränkischen Reichsritterschaft auf offene Ohren. Die Übermacht der bayerischen Herzöge empfand sie schon lange als lästig. Immer mehr lokale Adlige schlossen sich der Reformation an. Die Zeichen standen auf Protest – doch der vollzog sich für die Menschen fast unmerklich. Der Hauptgrund: In das neu erwachte Selbstbewusstsein der Reichsritter mischte sich die Angst, die kirchlichen Pfründe und Privilegien zu verlieren. Die Familie Argulas gehörte in dieser Hinsicht zu den mutigsten. Ihr Bruder Bernhardin war begeistert von Luthers Ideen. Schon früh, vielleicht schon 1521, hörten die Christen in Argulas Geburtsstadt Beratzhausen lutherische Predigten.

Gut möglich, dass Bernhardin in Gesprächen mit seiner Schwester viel über den neuen Glauben erfahren hat. Argula las viel, nicht nur Luthers Schriften, auch die seiner Wittenberger Mitstreiter Philipp Melanchthon und Andreas Karlstadt. Andersherum wird Bernhardin ihr von Luthers Auftritt vor dem Wormser Reichstag berichtet haben.

Der Reformator stand nun unter Reichsacht und war inkognito auf dem Rückweg von Worms auf der Wartburg untergeschlüpft. In Bayern hatte sich die Lage seit 1522 verschärft: Die bayerischen Herzöge hatten das Wormser Edikt in Gesetzform gebracht. Wer die lutherische Lehre verbreitete, sei es durch Predigten oder Schriften, sollte inhaftiert werden. Auch typisch reformatorische Aktionen waren verboten, zum Beispiel die Austeilung des Kelches beim Abendmahl. Gleichzeitig wiesen die Herzöge die Bischöfe an, die Gemeinden streng zu überprüfen. Da diese jedoch aus Angst vor Aufruhr untätig blieben, erwirkten die Herzöge mit Hilfe des Ingolstädter Theologen und Luther-Widersachers Johannes Eck eine päpstliche Erlaubnis, den lutherischen Umtrieben selbst und direkt einen Riegel vorzuschieben. Die herzogliche Justiz schritt nun gegen Geistliche wie Laien ein, belegte sie mit Geldstrafen, sprach Landesverweise aus, vollzog vereinzelt sogar die Todesstrafe. Zum Beispiel im Sommer 1523 in München: Ein Bäckergeselle wurde enthauptet, weil er die Jungfrau Maria gelästert hatte. In Wasserburg am Inn wurden zwei Anhänger der lutherischen Lehre öffentlich gefoltert, ihnen wurden Seile durch die Backen gezogen. Viele der inhaftierten Geistlichen flohen aus Bayern und begannen in anderen Regionen, evangelisch zu predigen. Die lutherische Lehre zu vertreten, konnte lebensgefährlich sein.

Dennoch lässt sich Argula nicht beirren. Sie ist so überzeugt von der Wahrheit der evangelischen Lehre, dass sie nicht schweigen kann. „Es war keine bloße Verinnerlichung der Überzeugungen Luthers, Melanchthons oder Karlstadts", erklärt Biograf Peter Matheson, „sie hatte die Bibel als Gottes Wort an und für sich selbst entdeckt." Die Faszination, die die Bibel bei ihr auslöste, war wohl der wichtigste Grund für Argulas Beharrlichkeit in Glaubensfragen: erst die Bibel, die ihr Großvater in Druckauftrag gegeben hatte; dann die Koberger Bibel, die ihr Vater ihr geschenkt hatte; nun die Art und Weise, in der

Luther mit der Bibel in der Hand gegen die Missstände in der Kirche anging. Das „Wechselspiel zwischen einem Familienerbe freimütiger Rede und ihrem evangelischen Glauben, zwischen ritterlichen Traditionen und biblischen Modellen von Nachfolge, zwischen aristokratischem Bewusstsein und einer demütige Liebe zu Christus sollte in ihrem Leben eine Konstante bleiben", deutet Matheson Argulas ungewöhnliche Glaubensleidenschaft. Anders als bei Martin Luther lässt sich bei Argula weder ein Bekehrungserlebnis noch ein theologischer Erkenntnisdurchbruch datieren. Wohl aber der Anlass, ihre Stimme für das Evangelium zu erheben und öffentlich hörbar werden zu lassen: Der 7. September 1523 – jener Tag, an dem in der Ingolstädter Universität, der „Hohen Schule", Ungeheuerliches geschah.

Arsacius Seehofer

Arsacius Seehofer gehörte zu jenen Bayern, die ausgezogen waren, den wahren Glauben zu lernen. In Ingolstadt hatte er sein Studium der Philosophie begonnen; 1521 war er nach Wittenberg gegangen, dort hörte er theologische Vorlesungen, unter anderem bei Philipp Melanchthon. Beseelt vom evangelischen Zugang zum Glauben, schrieb er im Januar 1522 begeisterte Briefe in seine Heimatstadt München, „aus Wittenberg oder aus Bethlehem, wo Christus zum zweiten Mal ans Licht gekommen ist". Mit der Bibel bewies er: Für das Seelenheil genügt allein der Glaube. Die Rückkehr ins heimische Bayern führte ihn über Nürnberg nach Ingolstadt; an der Universität wollte er sein Studium mit dem Magister abschließen. Rektor Leonhard von Eck erkannte die Brisanz und die Gefahr des Überschwappens reformatorischer Gedanken und machte zur Bedingung: Arsacius müsse erst einen Eid ablegen, kein Luther-Anhänger zu sein. Arscacius fügte sich pro forma und hielt Vorlesungen über Paulus. Dass er dabei ausgiebig aus Melanchthons Werken zitierte, blieb dem Direktorium nicht verborgen. Arsacius wurde in den Kerker geworfen; bei Hausdurchsuchungen fand man in seiner Wohnung viele Schriften Luthers. Verwandte Seehofers baten beim akademischen Senat um Gnade für den Studenten – erfolglos. Akribisch zählte die theologische Fakultät seine 17 vermeintlichen Irrlehren auf. Einige der Vorwürfe: Seehofer vertrete die Ansicht, „dass der Glaube allein zu des Menschen Rechtfertigung genüge"; „dass der Mensch die Rechtfertigung mit keines Werkes Verdienst erlangen möge"; „dass Gott allein rechtfertige, wenn er seinen Geist in uns gießt ohne unser Wirken"; „daß man in der Kirche niemandem glauben soll, es sei denn, er bringe das gewisse Wort Gottes"; „dass man in der Kirche nur tun oder lehren soll, was der Herr gewiss gelehrt und befohlen habe"; „dass es einem Bischof nicht gezieme, etwas Anderes als Gottes Gebot zu lehren"; „dass man nicht schwören soll, außer um Gottes Ehre und des Nächsten Not willen". Direktor Leonhard von Eck schlug dem bayerischen Herzog Wilhelm IV. folgendes Vorgehen vor: Seehofer möge seine lutherischen Lehren unter Eid öffentlich widerrufen und danach in ein bayerisches Kloster strafversetzt werden. Denn greife man nicht ein, könne „eine Synagoge lutherischer Bosheiten unter den jungen Menschen" entstehen. Der Herzog willigte in den Plan ein und stimmte auch zu, dass in dieser Angelegenheit der eigentlich zuständige Bischof von Eichstätt umgangen werden dürfe.

Die „Hohe Schule", das Hauptgebäude der ehemaligen Universität Ingolstadt.

Unter großem Aufwand begann die Universität mit der Durchführung. Das Verfahren wurde am 14. August eröffnet; am 7. September 1523 versammelte sich die ganze Universität in der Aula, Seehofer

wurde aus dem Kerker hereingeführt. Ein Notar verlas die Ankla-
gepunkte. Seehofer widerrief wunschgemäß und unterwarf sich der
kirchlichen Lehre. Er stimmte auch willig zu, sich wie vom Herzog
angeordnet zur Strafe in das Kloster Ettal zu begeben. Die Studenten
und Lehrenden wurden inständig ermahnt, Luthers Lehren zu widerstehen; zwölf Schüler Seehofers wurden in den Universitätskerker
gesteckt und mussten ebenfalls widerrufen. Seehofer reiste tatsächlich
nach Ettal.

Argulas Protest

Als Argula von dem Vorgang erfährt, ist sie außer sich. Vermutlich war
sie sogar Arsacius Seehofer einmal begegnet, hatte ihm Briefe nach
Wittenberg mitgegeben. Über die Stimmung an der „Hohen Schule"
in Ingolstadt erfährt sie von ihrem Bruder Marcellus, der dort studiert.
Sie setzt sich schon im August mit dem Nürnberger Prediger Andreas
Osiander zusammen – auch er kennt Seehofer persönlich – und berät,
was zu tun ist. Vermutlich ist er es, der ihr rät, sie möge ihren Unmut
in Worte fassen. Wahrscheinlich hat er auch an einigen Stellen ihrer
Texte später redaktionell eingegriffen.

Argula setzt sich hin und schreibt sich ihren Unmut von der Seele.
Am 20. September, nur knapp zwei Wochen nach dem erzwungenen
Widerruf Arsacius Seehofers, schickt sie ihren Protestbrief an die
Ingolstädter Universität. Ein Paukenschlag, das gab es noch nie: Eine
Frau mischt sich in die große Politik ein und bietet den Gelehrten die
Stirn. Sie ist die einzige Person, die sich hinter Arsacius Seehofer stellt.
Sie bekennt sich zu Luthers Lehre und geht damit das Risiko ein, selbst
verhaftet zu werden. Ihre Schrift strotzt vor Wut und Mut, vor guten
Argumenten und biblischen Bezügen.

Schon mit dem ersten Satz ihrer Vorrede düpiert sie ihre Leser:
Es ist Zeit, vom Schlaf aufzustehen! An die *blinden wütenden Pharisäer* wendet sie sich, die *immerzu dem Heiligen Geist widerstanden*
haben; sie sollten doch den *Deckel ihres Hochmutes, ihres Geizes und
der fleischlichen Wollust ablegen* und darauf achten, *wie gnädiglich,
väterlich, mannigfaltig und wunderbar Christus nicht allein durch die*

gelehrte Schrift, sondern auch durch viele junge wie alte Männer und Frauen zu seinem göttlichen, selig machenden Wort lockt und stärkt. Mit Bibelzitaten belegt sie, dass auch sie als Frau Gottes Wort verkünden dürfe: Gott habe dem Propheten Joel zufolge seinen Geist über „alles Fleisch" ausgegossen und gesagt, „Söhne und Töchter" werden weissagen. Judith habe einst die *irrenden Priester* belehrt; in diesem Sinne werde nun sie als Frau *die Schriftgelehrten der Hohen Schule zu Ingolstadt wegen der Verfolgung des Evangeliums anhand vieler göttlicher Schriften strafen, ermahnen und unterweisen.* Davon lasse sie sich trotz drohender grausiger Bestrafung nicht abhalten; wie die heilige Esther will sich Argula *um des Heils des Volkes Willen* notfalls dem Tode ergeben. Und wie die biblische Susanna will sie lieber unschuldig vor Gericht stehen, *als durch das Verschweigen der Wahrheit vor Gott zu sündigen.*

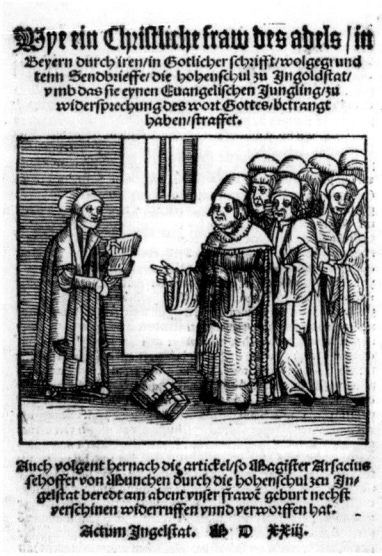

Titelseite einer Druckfassung des Sendbriefes von Argula von Grumbach.

Eine Vorrede ganz im Stile Argulas – und doch deuten einige Details und Quellenfunde darauf hin: Sie stammt wohl nicht von

Argula, sondern wurde ihrem Brief von einem anderen Autor vorangestellt. Viele Vermutungen kursieren und werden diskutiert. War es Osiander? Der war ein studierter Mann und hätte eine gewähltere Sprache benutzt. Die Prediger Balthasar Hubmaier und Paul Speratus gehören zum potenziellen Verfasserkreis, auch Lazarus Spengler.

Vom Verfasser der Vorrede könnte auch der Titel des Sendbriefes stammen: *Wie eyn Christliche fraw des adels in Beiern durch jren in Gotlicher schrift wolgegründten Sendtbrieffe die hohenschul zuo Jngoldstat vmb das sie einen Euangelischen Juengling zuo wydersprechung des wort Gottes betrangt haben straffet*, übersetzt etwa: *Wie eine christliche Adelsfrau in Bayern durch ihren in der göttlichen Schrift wohlbegründeten Sendbrief die Hohe Schule von Ingolstadt straft, weil diese einen evangelischen Jüngling zum Widerruf des göttlichen Wortes drängte.*

Der Sendbrief

Ihren eigenen Haupttext beginnt Argula mit Begründungen dafür, weshalb sie als Frau meint, reden zu dürfen. In den Sprüchen Jesu, wie sie in den Evangelien stehen, seien Frauen schließlich auch nicht ausgeschlossen. Sünden wider den Heiligen Geist würden nicht vergeben, schreibt sie – die aber hätten die Universitätsverantwortlichen begangen: *Ach Gott, wie werdet Ihr bestehen mit Eurer „Hohen Schule", dass Ihr so töricht und gewalttätig wider das Wort Gottes handelt und jemanden mit Gewalt zwingt, das heilige Evangelium in der Hand zu halten, es aber gleichzeitig zu verleugnen – so wie Ihr es mit Arsacius Seehofer getan habt und ihn mit Gefängnis und Androhung des Verbrennens dazu gezwungen habt, Christum und sein Wort zu verleugnen! Hat Euch das Christus gelehrt oder seine Apostel, Propheten und Evangelisten?* Argula kennt die Bibel, deshalb kann sie fragen: *Zeigt mir, wo es steht, Ihr hohen Meister! Ich finde es an keinem Ort der Bibel, dass Christus oder seine Apostel oder Propheten andere eingekerkert, gefoltert oder ermordet oder sie aus dem Land vertrieben haben.*

Argula bekennt sich zu ihrer Empörung: *Wenn ich das betrachte, erzittern mein Herz und alle meine Glieder. Was lehren Luther und Melanchthon anderes als das Wort Gottes? Ihr aber verdammt sie*

31

unüberwunden! Ja, der Obrigkeit solle man gehorsam sein, betont sie – aber nur bis zu einer gewissen Grenze: *Über das Wort Gottes haben weder der Papst, Kaiser noch Fürsten zu gebieten. Ich bekenne aber bei Gott und meiner Seele Seligkeit: Würde ich Luthers und Melanchthons Schriften verleugnen, würde ich Gott und sein Wort verleugnen. Den werdet ihr wahrlich mit eurer Universität nicht auslöschen. Weder die päpstlichen Dekrete noch Aristoteles, der nie ein Christ geworden ist, schaffen das. Es wird euch nicht gelingen, Gott, seine Propheten und Apostel vom Himmel zu stoßen und aus der Welt zu vertreiben.*

Argula bewirft ihre Leser nur so mit Bibelzitaten: Munter geht es da von den Propheten Hosea, Jeremia und Hesekiel über Hiob bis in die Evangelien. *Ich finde einen Spruch in Matthäus 10, der lautet: „Wer mich bekennt vor den Menschen, den will ich auch bekennen vor meinem himmlischen Vater." Und in Lukas 9 steht: „Wer sich meiner und meiner Worte schämt, dessen wird sich der Menschensohn auch schämen, wenn er kommen wird in seiner Herrlichkeit." Solche Worte, von Gott selbst gesprochen, sind mir allezeit vor meinen Augen; denn es werden weder Frauen noch Männer darin ausgeschlossen. In diesem Sinne fühle ich mich als ein Christ aufgefordert, Euch zu schreiben.* Argulas Fazit aus ihrem Bibelmarathon: Wer Gottes Wort verleugnet, muss mit dessen Strafe rechnen. Aber es sei noch nicht zu spät für die Gelehrten, daran erinnert Argula sie mit einem Jesusspruch aus dem Matthäusevangelium: *Vertraut Gott, er wird uns nicht verlassen, denn er hat alle unsere Haare gezählt.* Letztlich habe der Teufel in der ganzen Angelegenheit seine Finger im Spiel; die Geschehnisse seien Zeichen der nahen Endzeit, in der sich jeder gegen jeden erhebe.

Aber auch Erlebnisse schildert Argula. Zum Beispiel, wie ein Prediger ihr „Ketzer" hinterhergerufen habe. *Ich hatte immer im Sinn, ihm zu schreiben, er möge mir die ketzerischen Artikel zeigen, die Martin Luther, der getreue Arbeiter des Evangeliums, gelehrt hat.* Aber sie habe es unterlassen, weil ihre Seele zu traurig und schwermütig gewesen sei. (Sie meint damit wahrscheinlich den Ingolstädter Kirchenrechtler Georg Hauer, der am 15. August in einer Predigt Argula – ohne ihren Namen zu nennen – scharf angegangen war, ihr gewünscht hatte, „dass du wegen dieser Ketzereien im Abgrund der Hölle begraben wirst!")

Auch über den Satz des Apostels Paulus denkt sie nach, der *in 1. Korinther 14 sagt: „Die Weiber sollen schweigen und nicht reden in der Kirchen."* Da aber kein Mann für Arsacius Seehofer und damit das Wort Gottes eintreten will oder darf, argumentiert sie, müsse sie nun als Frau das Wort ergreifen. *Und sogar wenn es dazu käme – was Gott verhindern möge! –, dass Luther widerrufet, würde das nichts an meiner Meinung ändern. Ich bau nicht auf seinen, meinen oder irgendeines Menschen Verstand, sondern auf den wahren Felsen, auf Christum selbst.*

Nochmals ereifert sie sich über die Demütigung des Arsacius Seehofer. *Schämt ihr euch nicht, dass Arsacius die Schriften Martin Luthers verleugnen musste?* Die Universität werde keinen Ruhm damit erlangen, sie habe ihm den Eid vorgeschrieben und aufgenötigt, *aber eines habt ihr vergessen: Er ist erst achtzehn Jahre alt und noch ein Kind! Andere werden das nicht vergessen. Da ich darüber auch aus anderen Städten erfahren habe in dieser kurzen Zeit, werdet ihr wahrlich der ganzen Welt bekannt.*

Und Arsacius? Dem sagt Argula nur Gutes voraus: *Ich hege keinen Zweifel, dass Gott Arsacius ansehen wird mit den Augen seiner Barmherzigkeit wie Petrus, der den Herrn zu drei Mal verleugnet. Denn der Gerechte fällt sieben Mal am Tag und steht wieder auf. Ich hoffe, Gott hat noch viel Gutes mit diesem Jüngling vor. So wie Petrus, auch nachdem er den Herrn verleugnet hat, noch viel Gutes gewirkt hat. Und der war noch frei und nicht so lange im Kerker gefangen und auch nicht unter Folterandrohung gezwungen wie Arsacius. Disputationen sind leicht zu gewinnen, wenn man sie nicht mit Worten führt, sondern mit Gewalt droht.* Argula sei nicht bekannt, dass sich die Universitätsgelehrten auf einen Disput über Luthers Lehre eingelassen hätte. Stattdessen sei ein Jurist auf Arsacius angesetzt worden, der diesen scheinheilig gefragt habe, warum er denn weine, ob er etwa doch ein Ketzer sei?! *Aber Juristerei hilft gar nicht!*, empört sich Argula und stellt sich für ein Gespräch zur Verfügung: *Ich scheue mich nicht, vor euch zu treten, euch zu hören, auch mit euch zu reden, denn ich kann auch mit Deutsch fragen, Antworten hören und lesen, und zwar aus der Gnade Gottes. So hat man zwar Bibeln, die deutsch sind, die Martinus nicht verdeutscht hat. Hab selbst eine davon. Ich kann kein Latein, aber ihr könnt deutsch, mit dieser Sprache seid ihr geboren und erzogen. Ich habe euch nicht weibische Dinge geschrieben, sondern das Wort Gottes als ein Glied der christlichen Kirche, vor welcher die Pforten der Hölle nicht bestehen werden. Aber vor der Römischen bestehen sie wohl. Gott gebe uns seine Gnade, dass wir alle selig werden, und regiere nach seinem Gefallen. Nun walte seine Gnade. Amen.*"

Argulas Brief sorgt für Aufsehen nicht nur in der Gelehrtenwelt. Sogar in der Bauernschaft wird erzählt, dass Argula von Grumbach die Bibel auswendig könne und gelehrter sei als die Universitätsprofessoren. Sofort kursieren einige handschriftliche Kopien des Sendbriefes; im Oktober bereits wird er gedruckt, erst in Nürnberg, dann in Basel, Augsburg, Straßburg und anderswo. Einige Drucke enthalten sogar einen Holzschnitt auf dem Titelblatt. Vier Versionen gibt es: Auf dreien in je eigenem Motiv steht Argula, ihr Kopf bedeckt mit einer Haube, vor Universitätsgelehrten und disputiert mit ihnen (eine Situation, die es in der Wirklichkeit nie gab). Argula hält eine aufgeschlagene Bibel in der Hand. Eine einfache Frau gegenüber vornehm gekleideten Schriftgelehrten. Ein anderes Titelblatt zeigt Argula in einem kleinen Porträt ebenfalls mit Haube.

Appell an Jugendfreund Herzog Wilhelm

Am selben Tag, an dem Argula ihren Brief an die Ingolstädter Universität schickt, versendet sie eine Kopie an den bayerischen Herzog Wilhelm IV. Ein taktisch geschickter Zug: Argula kennt Wilhelm aus Kindertagen; während ihrer Zeit am Münchner Hof spielten die beiden zusammen, Wilhelm hatte sie sogar getröstet, als sie vom Tod ihrer Eltern erfuhr. Die engen Bande zu seinem Hof sind erneuert: Argula und Friedrich von Grumbach hatten ihren Sohn Georg an den Münchener Hof geschickt. Und nun ist Wilhelm jene Obrigkeit, die das Verfahren und die Bestrafung des Arsacius Seehofer mit der Universität Ingolstadt betrieb. Er muss nun einen Sendbrief seiner früheren Vertrauten lesen, in dem sie ihn belehrt. Der Titel der rasch folgenden gedruckten Ausgabe: *Christliche Schrift einer ehrbaren Frau vom Adel, in der sie alle christlichen Stände und Obrigkeiten ermahnt, bei der Wahrheit und dem Worte Gottes zu bleiben und solches aus christlicher Pflicht ernst zu handhaben.*

Herzog Wilhelm IV. von Bayern.

Wie mag es sich angefühlt haben? Der Junge, mit dem sie früher gespielt hatte, dessen Mutter Kunigunde auch ihr mütterlich vertraut war, die sie geradezu verehrt hatte, ist nun Herzog, und sie redet ihn mit seinem Titel an: *Dem Durchleuchtigen Hochgeborenen Fürsten und Herrn, Herrn Wilhelm, Pfalzgrafen bei Rhein, Herzog in Ober- und Niederbayern, meinem gnädigen Herrn.*

Sachlich schildert sie die Kerkerhaft des Arsacius und die Erzwingung des Widerrufes *ohne jede Disputation. Dabei rühmt man sich, dass es auf E.f.G.* [Euer fürstlichen Gnaden] *Geheiß geschehen sei. Sie haben da einen achtzehnjährigen Jungen vorgenommen, und keiner von ihnen hat die Schrift gebraucht. Obwohl ich höre, dass er viel Verfolgung von ihnen hat erleiden müssen, auch dreimal im Gefängnis gelegen ist.* Argula schmeichelt Wilhelm, indem sie ihn als Lebensretter des Arsacius bezeichnet: *Ich danke Gott, dass er auf Befehl E.f.G. aus ihren blutrünstigen Händen vom Tode errettet ist, wie in seinem Eid ausgesagt ist. Gott wird es E.f.G. nicht unbelohnt lassen, denn das Blut des Gerechten schreit zu Gott.*

Dann geht sie zu ihrem ersten Anliegen über: Herzog Wilhelm solle sich nicht allein auf die Berichte der Universität verlassen. Sie bittet ihn, deren *Worten nicht immer zu glauben, sondern zuvor den Geist nach göttlicher Schrift zu prüfen, wie Johannes in seiner ersten Epistel im 4. Kapitel sagt: „Wer Christus bekennt, ist aus Gott." Es ist wohl nötig, in solcher Tyrannei ein Einsehen zu haben. Das soll kein Christ sein, der sich seiner nicht annimmt.* Nun versucht sie, Wilhelm als weltlichen Herrscher an die Grenzen seines Machtbereiches zu erinnern. Er dürfe *keinen Zweifel darüber haben: Wer das Wort Gottes annimmt, der gibt jedem, was ihm gebührt: Zoll, Rente und Geld usw. und ist gehorsam aller Obrigkeit, auch der bösen, denn alle Gewalt ist von Gott. Sie sollen aber zusehen, dass sie ihre Gewalt nicht missbrauchen, denn sie haben die evangelische Regel ebenso wie wir. Aber das Wort Gottes zu verbieten, lehrt es nicht, oder dass man dem Verbot gehorsam sein soll, sondern es lehrt eher, Leib und Leben zu verlieren. Will er ein Christ sein wie wir, dann haben wir in den Geschichten der Apostel im 4. und 5. Kapitel das Gebot, Gott mehr gehorsam zu sein als den Menschen. Durch Gottes Hilfe halte sich E.f.G. an dieses Wort Gottes, so wird Glück und Heil Land und Leuten zuteil. Wo nicht, so wird es Gott nicht ungerächt lassen.*

Mit dieser unverhohlenen Drohung nimmt Argula prophetische Eigenschaften für sich in Anspruch. Dazu gehört auch, dass sie meint, die Spreu vom Weizen trennen zu können; die gottlosen, verkommenen Kleriker von denen, die den wahren Glauben verkündigen. *Was sagt Gott Matthäus 7?: „Hütet euch vor den falschen Propheten, die mit Schafskleidern bekleidet sind, inwendig aber sind sie reißende Wölfe." Ich meine, Gott habe sie zum Teil gezeigt: Es sind Pfaffen, Mönche und Nonnen. Welchem Fürst wäre wohl daran, wenn ihm das Reich erlaubt hätte, an die besten Städte und schönsten Orte Räuberhäuser zu bauen? Welcher Graf oder Herr hätte solche Freiheit erlangen mögen bei E.f. Gnaden Voreltern oder E.f. Gnaden? Der Herr sagt und nennt sie Räuber, z.B. Jes. 3: „Sie haben mein Volk beraubt, und Weiber haben sie beherrscht." Das sagt Gott. Wenn ich es sagte, wäre es lutherisch. Also müssen sie es bleiben lassen.*

Auf ihren Reisen hat Argula viele Kleriker kennengelernt, die ihren Lüsten und Trieben mehr gefolgt sind als dem Wort Gottes und die ihr Unwesen unter dem Deckmantel des Priestergewandes verbergen wollten. Das ist Argulas Stärke. Denn so formuliert sie ihre Kritik an der real existierenden Kirche nicht nur theologisch, sondern auf Grundlage eigener Erfahrungen. Sie klagt vor *Gott über die sodomitische Reinlichkeit und geizige Armut. Sie haben den Kitzel des Fleisches ebenso wie wir, ob sie es schon mit dem Schanddeckel der Kutte befärben. Vor Gott hilft das nicht. Hülfe es, wir alle wollten Kutten tragen. Paulus sagt im 1. Korinther 7: „Jeder soll ein Weib haben. Jede Frau soll einen Mann haben. Denn es ist besser vermählt zu sein als Brunst leiden."Es ist gleich, ob ich Keuschheit gelobe oder nicht gelobe, mit dem Finger den Himmel zu berühren oder zu fliegen. Das steht nicht in des Menschen Gewalt. Diese Gnade ist nicht allen gegeben, die Kutten und Platten* [Mönchs-Tonsur] *tragen. Ihre Armut sieht man an ihren Gebäuden, vollen Kästen, Küchen und Kellern, auch an ihren bleichen Wangen.* Der Zölibat sei nicht schriftgemäß, argumentiert Argula – und spickt dessen Unsinn mit Einblicken in die klerikale Wirklichkeit: Geistlichen werde erlaubt, ihre Lust an jungen Prostituierten – Männern wie Frauen – auszuleben. Kirchen und Klöster seien Orte der Unzucht geworden: *ich kann die Einrichtungen der Domherren und Priester nicht anders deuten als zur Erhaltung von Buben und Bübinnen* [Prostituierten]*, wie es unverschämt am Tage liegt. Der Papst ist dem Rat des Teufels gefolgt, hat ihnen Ehefrauen verboten und um Geld Bübinnen erlaubt. O ihr Fürsten, seht darauf, dass sie nicht also darin verderben. Euch gehört das Strafschwert und nicht den Geistlichen.*

Gottes Strafe stehe bevor, betont sie; die Kirche werde diese Missstände nicht ändern, Wilhelm allerdings könne und müsse durch beherztes Eingreifen Schlimmes abwenden. Das drohe nicht nur auf geistlichem Gebiet, sondern auch durch die Gefährdung des Heiligen Römischen Reiches durch die „Türken". Das Heer des osmanischen Sultans Süleyman I. rückte immer weiter gen Westen vor, für viele Christen galt er als Antichrist, der das Strafgericht Gottes vollstrecke. *E.f.G. helfe und rate sich und uns allen, dass Gott nicht seinen Zorn über uns schicke. Denn man sieht, wie der Türke wütet; daraus ist nicht wenig zu besorgen, er werde der Herr unseres Vaterlandes. Da sei Gott vor! Es erhebt sich an allen Orten der Welt Empörung. Auf die Dauer kann die Sache keinen Bestand haben. Wollte Gott, die Fürsten und Herrn,*

die sich geistlich nennen, ließen sich nicht länger am Affenseil führen.
Argula wagt sich weit vor, schlägt dem Herzog sogar ein politisches
Mittel vor, mit dem er gleichzeitig die klerikale Unzucht und die Tür-
kengefahr bekämpfen könne: *eine Türkensteuer, die E.f.G. bei allen
Stiftern und Klöstern, Pfarren und Messen verordnen könnte. Hätten
sie zu viel, so sollte man es für allgemeinen Nutzen gebrauchen, damit
der arme Mann nicht so beschwert würde. Gestattet nicht die Schinderei
der Abwesenheit, denn man sieht, dass die Pfarrer sie aufs genaueste
verdingen; so dass diejenigen, die die Herde Christi weiden sollen, sich
des Hungers kaum erwehren.* Die fehlgeleiteten Kleriker vor Ort sind
für Argula allerdings nicht allein verantwortlich. Der Fisch stinkt vom
Kopf her, hätte sie in heutiger Wortwahl wohl gesagt und hätte die
Struktur der Kirche gegeißelt. *Die Pfarren sind selten mit geschickten
Leuten besetzt; man nimmt lauter Narren, die nichts können, wenn sie
nur billig gedungen sind. Der Schweiß der Armen wird in aller Dienst-
barkeit des Teufels verzehrt.* Die Verantwortlichen der Kirche nähmen
zudem ihre Aufsichtspflicht nicht ernst. *Der Freiberger Pfarrer von
Voburg hat mehr als 300 Gulden von Pfründen und hält im ganzen
Jahr keine Predigt.* Es kommt nicht auf die Zahl der Messen an, die
ein Geistlicher liest – daran sei auch *Gott wenig gelegen, wie man aus
der Schrift erfahren kann. Hätte E.f.G. ein Einsehen, dass den Armen
das Evangelium gepredigt würde, so folgte daraus aller Sieg und alles
Glück.*

Argula setzt Wilhelm gegenüber ihr ganzes emotionales Geschick
ein. Nach den biblischen Argumenten, ihren niederdrückenden Erfahrungen mit der Kirche und den Ermutigungen an Wilhelm, seiner
Verantwortung nachzukommen, zieht sie die private Karte und erinnert ihn an die persönliche Nähe. Dass sie ihn *als meinem Bruder in
Christo* angeredet habe, sei mitnichten eine Formsache, sondern in
der durch gemeinsame Erlebnisse entstandenen großen menschlichen
Nähe zwischen ihnen begründet. *Der Geist Gottes regiere es, denn ich
meine es gut, Gott ist mein Zeuge, dass ich an E.f.G. Glück Freude habe
und Leid an E.f.G. Unglück. Es ist mir noch unvergesslich, dass ich nach
dem Tode von Vater und Mutter, derer ich in fünf Tagen beraubt wurde,
als ich E.f.G. als oberstem Vormund befohlen war und als ich damals
E.f.G. Frau Mutter Kammerfräulein war, von E.f.G. in meinem Elend*

mit diesen Worten getröstet wurde: Ich sollte nicht so weinen, er wollte nicht nur mein Landesfürst, sondern auch mein Vater sein, wie mein Mann bisher gnädig gespürt, und uns auch unser Kind in E.f.G. Dienst aufziehen und ernähren. Solches hat mich nicht wenig genötigt, E.f.G. zu schreiben, damit ich für empfangene Güte meine Dankbarkeit zum Teil erzeige. Mir geht es wie Sankt Peter: „Silber und Gold habe ich nicht", wohl aber die Liebe gegen Gott und E.f.G. als meinen Nächsten. Denn der Herr sagt: „Was nützt es dem Menschen, ob er wohl alle Welt gewönne und darüber seine Seele verliert. Womit wollte er sie wieder kaufen?"

Dass sie der Universität geschrieben habe, sei *aus christlicher Pflicht geschehen* und weil sie *nicht schweigen könne.* Damit die Ingolstädter Gelehrten sie nicht bei Wilhelm *fälschlich verleumden würden,* sondern er die Wahrheit kenne, habe sie ihm nun eine Kopie des Sendbriefes geschickt. Es sei nicht ihr, *sondern Gottes Wort. E.f.G. möge es sich zu Herzen nehmen, denn Gott wird fürwahr die Seelen eurer Untertanen aus euren Händen fordern. E.f.G. möge nicht den Pfennigschickern Glauben schenken und Gewalt geben, denn man sieht, dass sie aus Geiz gegen Gott kämpfen und daher ohne Kraft. Wir möchten alle Gottes Wort wohl leiden, allein Pfaffen, Mönche, Nonnen, Prokuratoren, Advokaten, Juristen können es nicht zulassen, denn der Herr sagt: „Was du willst, dass dir geschehe, tu auch einem anderen." Dieses Recht gibt wohl ein Urteil. Lasst es nicht zu, dass Kindeskinder noch Prozesse fortführen und noch kein Urteil erlangen können. Wo zwei Leute in Zwietracht sind, da hat E.f.G. wohl so viel verständige Leute, die erkennen, wer Recht oder Unrecht hat, so kann auch ein Richter wohl entscheiden, wenn anders die Ämter nach dem Rat des Paulus besetzt werden. Dieser sagt: Nehmt einen solchen Mann zum Richter, der vernünftig ist und in dem der Geist des Herrn ist, keinen Hurer, Ehebrecher, Gotteslästerer, Mörder usw. Der Geist Gottes ist gottesfürchtig, barmherzig, geduldig, keusch usw. Der Rat der Juristen wird nicht mehr Nutzen tragen; sie werden reich, Land und Leute dagegen arm. Ich habe selbst solche wohl gekannt, die nicht ein Maß Weins bezahlen konnten, nachdem sie aber nur vier Jahre das rote Käpplein getragen haben, kaufen sie alles, was nur zu kaufen ist und ihnen angenehm ist. Ich meine, dass die Kopfbedeckung wohl die Kraft vom Säckel des Fortunatus habe, von dem die Poeten schreiben, dem fehlt es nicht an Geld, hat er nur ein Hütlein auf, fährt er, wohin er will.*

Nachdem Argula den Professoren, den Klerikern und den Juristen die Leviten gelesen hat, erklärt sie Wilhelm zu ihrem Verbündeten. *Gnädiger Fürst und Herr! Ich habe E.f.G. die großen Artikel meines kleinen Verstandes, mit denen das Volk Christi beschwert wird, angezeigt. E.f.G. bedenke besser, als ich schreibe, denn es betrifft nicht Zeitliches, sondern Ewiges. Hierin besteht meine demütige Bitte, solches im besten Sinne, wie ich es wahrlich gemeint habe, anzunehmen. Gott, der Regierer dieser meiner Schrift, dem überlasse ich es, ihr beizustehen, samt E.f.G. und allen euren Lieben hier in der Zeit und dort in Ewigkeit. Amen.*

Dass Wilhelm den Brief nicht beiseitegelegt, sondern gelesen hat, ist anzunehmen. Dazu kennt er Argula zu gut und dazu ist der Fall Seehofer zu brisant. Ein Indiz für seine Stimmung: Argulas Sohn Georg, inzwischen zehn Jahre alt, wird sofort vom Hof zurück nach Dietfurt geschickt. Geantwortet hat Wilhelm seiner Jugendfreundin jedoch nie. Daran konnte auch die Einmischung Martin Luthers nichts ändern. Auch ihn hatte das Vorgehen gegen Seehofer aufgeregt und zum Schreiben animiert. „Wider das blind und toll Verdammniß der siebenzehn Artikel von der elenden schändlichen Universität zu Ingolstadt ausgangen" heißt eine kurze Schrift, in der er sich 1525 zu dem Fall äußert. „Man hat", poltert Luther darin, „bisher der Bayern mit den Sauen gespottet. Nun hoffe ich, wird es besser mit ihnen werden. Denn dieser Zettel trüge mich denn, so dünkt mich, alle Säue in Bayerland sind in die berühmte Schule gen Ingolstadt gelaufen, und Doktoren, Magistri und eitel berühmte Universität worden, das hinfort eines besseren Verstands im Bayerland zu hoffen ist. Erlöse und behüte Gott Bayerland vor diesen elenden blinden Sophisten." Seltsam ist, dass Luther Argula nicht darin erwähnt. „Luther sah sie offensichtlich als eine tapfere Bekennerin des Glaubens, nahm sie als Theologin aber nicht ernst", deutet Biograf Matheson.

Arsacius' Schicksal

Und Arsacius? Er hat sich dem Befehl gefügt und ist ins Kloster Ettal gereist. Ihm gelang es jedoch, sich aus der Klosterhaft zu befreien; er blieb der lutherischen Lehre treu und floh zurück nach Wittenberg. Einige Zeit schlüpfte er in Königsberg, dann in Celle unter. In Augsburg und Straßburg war er nicht willkommen, schließlich empfahl Melanchthon ihn in seinem Netzwerk ins thüringische Eichsfeld, wo Seehofer daraufhin als Schulmeister arbeitete. Im Sommer 1534 zog er ins Herzogtum Württemberg, wirkte als Prediger in Leonberg bei Stuttgart und später in Winnenden. Dort fand er Zeit, ein Predigtbuch zu schreiben, das Grundsätze für die evangelische Predigtlehre enthielt. 1539 oder 1542 starb er.

Mutter Courage

Der Ingolstädter Rat

Die Sendbriefe sind geschrieben und werden an vielen Orten in hoher Auflage gedruckt. Argula ist quasi über Nacht zu einer berühmten Kämpferin, zum Shootingstar für die Sache der Reformation geworden. Doch sie gibt keine Ruhe, sondern überlegt, wen sie noch über die Ungeheuerlichkeit des Vorgehens der Universität und über die Unterdrückung des Wortes Gottes dort informieren kann. Der Rat der Stadt Ingolstadt ist der Adressat ihres nächsten Briefes, den sie am 18. Oktober schreibt. In den vier Wochen seit dem ersten Brief ist viel geschehen, was sie nicht für sich behalten will. Als *besonders liebe Brüder in Christo* redet sie den Bürgermeister und die Ratsmitglieder Ingolstadts an – es ist wahrscheinlich, dass sie einige von ihnen persönlich kennt. Von vielen Seiten würden ihr Vorwürfe gemacht – Dinge, die sie weder gesagt noch geschrieben habe, würden ihr vorgehalten. Auch üble Briefe habe sie bekommen, bis hin zur Morddrohung: *Ich höre, wie sich etliche über mich erzürnen, so dass sie nicht wissen, wie sie es nur anstellen können, dass ich vom Leben in den Tod käme. Zwar weiß ich, dass sie mir nicht schaden werden, solange ich in der Gewalt Gottes stehe, der wird mich wohl erhalten.* Argula findet Trost beim Propheten Jesaja, *durch den Gott sagt: Ich selber tröste euch; wer bist du, der du dich vor den Menschen fürchtest, die doch sterben, und vor*

Menschenkindern, die wie Gras vergehen. Ihre Verfolger vergleicht sie mit den Menschen, die während der Passion Jesu von Pilatus dessen Tod forderten. Ich wüsste gerne, welchen Gewinn sie hätten, wenn sie mich ermorden würden; sie hätten sogar das gesetzliche Recht dazu. So wie in Jerusalem die Christen gemartert wurden, könne es ihr auch geschehen, *wie Gott will. Aber bittet Gott, dass er dann nicht auch über euch dieselbe Strafe verhängt! Wäre ich gestorben, würde das Wort Gottes ja nicht vertilgt, denn das bleibt ewig. Würde ich die Gnade finden, den Tod um seines Namens Willen zu sterben, würden dadurch vielleicht viele Herzen erweckt; vielleicht würden dann hundert Frauen gegen sie schreiben! Denn es gibt viele, die belesener und geschickter sind als ich.* Vielleicht *würde eine Schule der Frauen* entstehen. Argula hat *keinen Zweifel, dass es viele heimliche Jünger des Herrn gibt, die aus* Angst, so wie Nikodemus, Christus nicht bekennen. Gott schicke ihnen einen herzhaften Geist.

Damit der Rat wisse, was sie wirklich geschrieben habe, legt sie den Sendbrief an die Universität in Kopie bei. Es gehe um viel: So wie die Juden die ersten Christen aus den Gotteshäusern verbannt hätten, so würden es nun die *Sophisten*, also die Universitätsgelehrten, mit den Vertretern reformatorischer Gedanken tun. Die Verblendung der *römischen Kirche* erkenne man daran, dass sie Arsacius Seehofers Falscheid erzwungen habe. Am Ende des Briefes mahnt sie eindrücklich und mit biblischen Argumenten: Man solle sich vor der Lehre der Pharisäer hüten, das sei so wie mit dem Sauerteig: Auch ein wenig falsche Lehre breite sich schnell aus, schade dann und bringe viel Übel.

Es wäre besser, dass ein Mensch nicht zu solchen Predigten gehe. Darum, meine lieben Freunde und Brüder in Christus, fürchtet euch wohl, auf dass ihr nicht verderbt!

Währenddessen verbreiten sich die Kopien und Drucke ihres Sendbriefes in Windeseile. Maßgebliche Reformatoren in vielen Regionen erfahren von Argulas mutigem Einsatz für die evangelische Lehre. Auch der sächsische Kurfürst Friedrich der Weise, politischer Unterstützer Martin Luthers, erhält einen der Briefe von dem Gesandten Hans von Planitz, der im Begleitbrief schreibt: „Die Frau ist hier bei einem Prediger von St. Lorenz gewesen, Andreas Osiander, und hat Rat gesucht. Der sagte, dass sie in der Bibel sehr gelehrt und erfahren sei, worüber er verwundert sei."

Argula beim Nürnberger Reichstag

Ein für das gesamte Reich wie für die Reformation bedeutendes politisches Gipfeltreffen steht bevor: Der Reichstag sollte in Nürnberg stattfinden. Auf der Tagesordnung stehen wichtige Fragen – unter anderem wird darüber diskutiert, wie das Wormser Edikt gehandhabt werden sollte, das im Jahr 1521 beschlossen wurde und empfindliche Einschränkungen für die reformatorische Bewegung bedeutet. Argula ist die Wichtigkeit des Treffens bewusst. Tatsächlich reist sie in die Reichsstadt – und wird prompt zu einem hochrangig besuchten Festmahl geladen. Gastgeber ist Pfalzgraf Johann II., Herzog im pfälzischen Simmern und Mitglied des Reichsregiments – jenes kleinen Gremiums, das fürstliche, kaiserliche und die Belange der Reichsstädte unter einen Hut bringen soll. Für Argula ist Pfalzgraf Johann ein idealer Ansprechpartner – wie geschaffen, um ihr Anliegen vor die höchsten Regierenden des Reiches zu tragen. Er ist im humanistischen Geiste gebildet, kennt sich in den Naturwissenschaften und in der Staats- und Rechtslehre aus. In seiner Residenzstadt hat er eine Lateinschule errichtet, betreibt im eigenen Schloss sogar eine Druckerei. Ein Mann mit beginnender Sympathie für die evangelische Lehre, außerdem mit hohem Ansehen sowohl bei der Bevölkerung als auch unter den Fürsten und mit großem politischen Einfluss. Beim Feiermahl unterhält sich Argula mit ihm – worüber, ist nicht überliefert; jedenfalls spürt sie in dem Gespräch, dass er ihrem Anliegen sehr nahe steht. Sofort nach ihrer Rückkehr nach Dietfurt setzt sie sich hin und schreibt dem *durchläuchtigsten Hochgeborenen Fürsten und Herren Johann Pfalzgraf* einen Brief. *Als ich gestern Abend von Eurer Fürstlichen Gnaden und auch anderen Herren zum feierlichen Essen geladen wurde, hab ich in Vielem, was ihr gesagt habt, das göttliche Wort gehört und erkannt, dass in Eurer Fürstlichen Gnade das Licht scheint. Der allmächtige barmherzige Gott möge sein Werk an Euch fruchtbar vollstrecken und vollkommen erleuchten. Allein Gott kann das Licht entzünden, das nicht mit menschlicher Vernunft weder gesucht noch gefunden werden kann.*

Stadtbild Nürnbergs aus der 1493 erschienenen Schedel'schen Weltchronik.

Weisheit erlange, wer Gott suche; lasse sich finden, denn er ist dem Johannesevangelium zufolge das Licht der Welt. *Wer ihn angenommen hat, denen hat er die Gewalt gegeben, Kinder Gottes zu werden. Der Herr hat gesagt: Wenn ihr das Licht habt, dann wandelt in dem Licht.* Dann bittet sie den Pfalzgrafen *durch Gott,* ihren Lieblingsspruch aus Matthäus 10 (32f) *ins Herz zu drucken: Wer nun mich bekennt vor den Menschen, den will ich auch bekennen vor meinem himmlischen Vater. Wer mich aber verleugnet vor den Menschen, den will ich auch verleugnen vor meinem himmlischen Vater. Gebraucht ihn oft und unerschrocken auf dem Reichstag, denn Gott ist mit uns. Wir müssen keine Gewalt fürchten, sondern können fröhlich und unverzagt vor die Gewaltigen treten.* Sie habe es nicht lassen können, ihn zu ermahnen, segne ihn, wünscht ihm *die gütige Freundlichkeit Christi* und grüßt demütig als *Argula von Grumbach, eine geborene von Stauff.*

Und wieder: Keine Reaktion, kein Antwortschreiben. Gut möglich, dass der Adlige die unerbetene Ermahnung übergriffig fand. Die „selbstbewusste Mischung aus Scharfsinn und Naivität" könnte der Pfalzgraf nicht verstanden haben, mutmaßt Biograf Peter Matheson. Der nicht – aber vielleicht die vielen tausend Menschen, die den Brief kurz darauf in gedruckter Form lasen.

Ein Brief an Luthers Kurfürsten

Am selben Tag schreibt Argula einen zweiten Brief – er ist an Friedrich den Weisen adressiert, jenen sächsischen Kurfürsten, der sich geweigert hatte, das päpstliche Ketzerurteil gegen Martin Luther anzuerkennen, und der stattdessen in großer Entschlossenheit wie politischer Gelassenheit Luther vor der Verfolgung schützte und so die Sache der Reformation wesentlich förderte. Einer der wenigen Machthaber also, die in Argulas Augen Gottes Werk taten. Folglich ermahnt sie ihn nicht, sondern wünscht ihm *Weisheit und Stärke, damit das Wort Gottes den Armen wieder gepredigt und nicht elendig mit Gewalt durch etliche heidnische Fürsten verboten und den Armen entzogen werde. Friedrich* möge *trutzig* und *mit christlichem freudigem Gemüt* vor dem Reichstag seine Überzeugung vertreten. Wieder spickt sie ihren Brief mit vielen Bibelstellen – ein Motiv aus dem Buch Jeremia ist neu: Wie Jeremia sehe Friedrich den *brennenden Kessel,* der in der Bibel als Symbol für das Unheil steht, das Gott schon bald seinem ungehorsamen Volk schickt. Dann berichtet sie dem Kurfürsten von ihrem Gespräch mit Pfalzgraf Johann von Simmern; *gerne hätte ich viel mehr geredet, wäre Volk zum Zuhören dagewesen; ich würde sie um Gottes Willen nicht fürchten, wenn und wie oft sie zu mir kommen.*

Kurfürst Friedrich III. von Sachsen, genannt „der Weise". Bildnis von Lucas Cranach d. Ä.

Werben um den Onkel

Viel Feind, viel Ehr'? Dieser Spruch gilt für Argula nicht. Ihr geht es nicht um die eigene Ehre, sondern um das Wort Gottes. Dass sich immer mehr Kritiker zu Wort melden, empfindet sie zwar als Zeichen der Endzeit, aber auch als aus der christlichen Geschichte bekannte Reaktion der Nichtgläubigen gegenüber den Glaubensbekennern. Doch ist sie zu optimistisch, als dass sie ihren und den Kampf der Reformatoren angesichts der sich schließenden Gegenfront der römischen Kirche für aussichtslos hielte. Unter ihren Gegnern tut sich auch der Bruder ihrer Mutter hervor: Adam von Thering, fast siebzig Jahre alt, zeitlebens angesehener und einflussreicher Adliger, der zeitweilig auch als Statthalter in Neuburg an der Donau wirkte. Vermutlich war er Friedrich von Grumbach gut bekannt und mit ihm im Gespräch; dieser könnte ihm aus der Sicht des Ehemannes Argulas publizistische Glaubensleidenschaft geschildert haben – und die Konsequenzen für die Familie, aber auch für den Namen des Grumbach'schen Geschlechts.

Argula erfährt, dass ihr Onkel über ihr Verhalten erbost ist. In einem Brief möchte sie sich erklären und einiges richtigstellen. *Mir wurde berichtet, wie ihr erfahren habt, dass ich der Hohen Schule zu Ingolstadt geschrieben habe, weswegen Ihr nun über mich nicht wenig zürnt und Euch vielleicht denkt, dass es von mir als einem törichten Weib unangemessen gewesen sei. Ich bekenne mich aber dazu – denn die Weisheit, Gott zu bekennen, ist nicht der menschlichen Vernunft zuzuschreiben, sondern sie ist eine Gabe Gottes. Trotzdem wird mir daraus Schmach, Schande und Gespött nachgeredet. Unsere Freundschaft hat mich dazu bewegt, Euch zu schreiben und die Wahrheit zu berichten. Deshalb schicke ich Euch in Kopie, wie und was ich geschrieben habe. Ich bitte Euch inständig, das zu lesen, und dann danach zu beurteilen, ob Gottes Geist darin zu finden ist.*

Anders als in ihren vorherigen Sendbriefen schlägt sie ihrem Onkel gegenüber leisere Töne an, wirbt mit milden Worten um Verständnis: *Darum, mein lieber Herr und Vetter, wundert Euch nicht, dass ich Gott bekenne. Denn wer Gott nicht bekennt, ist kein Christ, auch wenn er tausendmal getauft würde. Es muss auch ein jeglicher für sich selbst Rechenschaft geben beim letzten Gericht. Das wird mir weder der Papst, der König, Fürsten noch Doktor abnehmen können. Darum bitte ich Euch, nicht darüber zu erschrecken, sollte man mich schänden und verspotten. Wohl aber erschreckt, wenn Ihr hören solltet, dass ich Gott verleugne. Irgendwie empfinde ich es als eine große Ehre, dass ich verleumdet werde, weil ich Gott lobe. Oder ist es etwa schlecht, dass ich von denen, die Gott in ihrer menschlichen Weisheit verblendet und geschändet hat, verflucht werde?*

Ein großes Anliegen ist es Argula, ihrem Onkel Adam gegenüber ein Missverständnis auszuräumen. Ihr geht es nicht darum, Luther, Melanchthon oder einem anderen Reformator nachzueifern. Der Glaube ist ihr wichtig, die Bibel, das Christsein. *Man nennt mich lutherisch, ich bin es aber nicht. Ich bin im Namen Christi getauft – ihn bekenne ich, nicht Luther. Aber ich bekenne, dass ihn Martinus auch als treuer Christ bekennt. Gott helfe, dass wir solches nimmermehr verleugnen, weder durch Schmach, Schande, Kerker, Peinigung noch durch den Tod. Das helfe und verleihe Gott allen Christen. Amen.*

Auch auf das Verhältnis zu ihrem Gatten Friedrich geht Argula ein. Rechtlich wäre es ihm möglich gewesen, ihr den Mund zu verbieten oder sie einzuschließen. *Ich habe gehört, Ihr sollt gesagt haben, dass mein Ehemann unsere Freundschaft unterbinden und mich vermauern wolle. Schenk solchen Gerüchten keinen Glauben. Er tut leider sehr zu viel dazu, dass er Christum in mir verfolgt. Ich bin ihm auf diesem Gebiet nicht schuldig, gehorsam zu sein, denn Gott sagt in Matthäus 10 und Markus 8: Wir müssen alles verlassen, Vater, Mutter, Bruder, Schwester, Kinder, Leib und Leben, und sagt außerdem: Was nütze es den Menschen, wenn er die ganze Welt erobere, aber Schaden nähme an seiner Seele? Mich kann unsere Obrigkeit gar nicht genug erbarmen, dass sie sich das so gar nicht zu Herzen nimmt, weder geistlich noch weltlich. Stattdessen verfluchen, würgen und toben sie ohne alle Weisheit und Grund der Schrift.*

Der Nürnberger Reichstag steht bevor – Argula hegt Hoffnungen, dass dort etwas Gutes entschieden wird: *Gott sende ihnen seinen Geist, der sie die Wahrheit erkennen lehre, damit dieser Reichstag nicht vergeblich seinen Namen habe, sondern wir reich an Seele und Leib werden und alle in einem wahren christlichen Glauben regiert werden, und nicht das Gut, Land und Leute so böslich verzehrt, dadurch wir immer ärmer werden.* Allerdings weiß sie auch aus eigener Anschauung, wie es unter den Reichstagsdelegierten zugeht. *Würde man Fleiß auf Gottes Wort legen statt auf Essen, Trinken, Banketts und anderes, würde es bald besser. Wie viele hunderttausend Gulden wurden auf Reichstagen schon verprasst. Was es genützt hat, wisst ihr besser als ich. Was kann man da schon beraten, wenn sie Tag und Nacht die Köpfe kaum tragen können vor Völlerei! Ich selbst hab's zu Nürnberg gesehen, das kindische Wesen der Fürsten ist mir noch vor Augen.*

Am Ende ihres Briefes wirbt sie noch einmal sehnlich und ganz persönlich darum, dass ihr Onkel zum rechten Glauben kommen möge. *Darum, mein herzlieber Herr und Vetter, richte ich an Euch meine ganz freundliche Bitte, Ihr möget Euch der göttlichen Schrift annehmen. Ihr habt lange den Fürsten beraten. Nun ist es Zeit, dass Ihr Eurer ewigen Seele Rat schafft.* Als ersten Schritt empfiehlt sie ihm, die Bibel zur Hand zu nehmen. *Lest doch vor Eurem Ende die vier Evangelisten. Gott aber möchte, dass ihr dann die ganze Bibel gelesen hättet, die allen Befehl Gottes in sich hält. Auch Luther behauptete nie, dass man seinen Büchern glauben soll. Sie sollen nur so etwas wie Leitbächlein zum Wort Gottes sein.*

Spott und Männermacht

Spott statt Gespräche

Fünf Briefe hatte Argula geschrieben – doch keine Antwort, nirgends. Tausende Menschen kannten ihre Schriften und bewunderten die kluge und mutige Frau. Aber die Adressaten – Universitätsprofessoren, der Herzog und andere Herrscher – fühlten sich nicht bemüßigt, zu antworten.

Erst im Frühsommer 1524 taucht ein Gedicht auf. Dem Verfasser, er nennt sich Johannes aus Landshut, ist wohl klar: Die Argumente liegen auf Argulas Seite. Also wählt er die Form des Spotts. Eine Methode, die Despoten gegenüber immer wieder äußerst wirksam ist. Im Falle Argulas jedoch wirkt sie wie ein ohnmächtiger Versuch, die kluge Frau zu diskreditieren. „Johannes" beginnt mit der Verhöhnung ihres Namens: *Frau Argel, arg ist euer Name, / Viel ärger aber, dass ihr ohne Scham / und alle weibliche Zucht missachtend / so frevelhaft handelt und so vermessen, / dass ihr euren Fürsten und Herrn / einen neuen Glauben lehren wollt / und euch dazu aufwerft, / eine ganze Universität / zu kritisieren und zu bestrafen / mit euren närrischen Hinweisen / auf hundert zusammengeflickte Stellen, / von denen keine zueinander passt.*

Ein Argument meint „Johannes" dann doch gefunden zu haben. Er behauptet, Argula habe Paulus fehlinterpretiert. Sie habe unterschlagen, dass der Apostel von Frauen verlange, sie sollten die Männer unterwürfig verehren, und zwar aus gutem Grund: Schließlich sei Adam vor Eva, der Mann also vor der Frau, erschaffen worden. Außerdem habe Eva den Adam verführt – eine Verfehlung, die alle Frauen in den Stand der Sündhaftigkeit versetzt habe. Dies wertet er – wie Theologen aller Zeiten – als gottgewollte Vormachtstellung des Mannes. *Dazu habt ihr falsch zitiert, / als ihr auf Paulus hinweist, / auf das erste Kapitel Timotheus. / Ihr verkauft uns Hafer für Gerste, / dennoch werdet ihr nicht damit beweisen, / dass er den Frauen einfach zu schweigen befiehlt, / sondern ihnen zu lehren verbietet. / Zugleich befiehlt er ihnen, die Männer zu ehren, / durch Furcht, Gehorsam, Zucht und Scham, / weil Eva den Adam / gleich zu Beginn verführt hat.*

Ignorieren? Totschweigen? Eine sachliche Antwort entwerfen? Mit gleichen Mitteln zurückschlagen? Es gibt viele Arten, auf solche Verhöhnungen zu reagieren. Argula überlegt einige Monate. Dann wählt sie einen weisen Weg. Sie kleidet ihre Antwort ebenfalls in Reime. Zunächst thematisiert sie die Feigheit des Verfassers, der sich den Tarnmantel der Anonymität umlegt. Ein redlicher Christ jedenfalls würde seine wahre Identität nicht verheimlichen, meint sie: *In Gottes Namen beginne ich, zu antworten dem kühnen Mann, / der sich Johann nennen tut. / Er zeigt mir an, er sei von Landshut, / auf dass ich weiß, wer er sei. / Ich merke wohl, es hat einen anderen Sinn, / so dass das Licht nicht richtig scheint. / Der selbige Student zu Ingolstadt / ist nicht ganz so frei, wie er sich rühmt, / ihr hättet sonst euren Namen nicht so versteckt. / Christus bezeichnet uns als ganz hell und frei. / Ein jeglicher, der böse ist, / derselbe hasst das Licht und den Tag, / wovon ich euch berichten will. / Mit diesem Namen sind viele getauft, / ei Lieber, kommt doch heraus, / wenn ihr ein redlicher Christ seid. / In Ingolstadt tretet auf / zu einem Tag, der euch gefällt.*

Argula widersteht der Versuchung, den Unbekannten vorzuführen oder ihn herabzusetzen. Im Gegenteil: Sie würde ihn gerne als gleichwertigen Gesprächspartner für voll nehmen und respektieren – dazu müsste er sich aber outen und persönlich zu dem bekennen, was er geschrieben hat. Sie erklärt sich bereit zu einem öffentlichen Wortduell. Das wird nicht der Stärkere oder der Gebildetere oder die Wortgewandtere gewinnen, ist sie sich sicher, sondern derjenige, der allein vom Wort Gottes geleitet ist. *Wenn ihr mir Gottes Wort zeigt, / folge ich wie ein gehorsames Kind. / Zeigt mir ehrlich meinen Irrtum, / wie es sich einem christlichen Mann gebührt. / Drei oder vier Wochen zuvor / nennt mir den genauen Tag, / damit auch andere herbeikommen können, / um zuzuhören, was mein Anliegen dabei ist. / […] Auch wenn ich nicht eine Schriftgelehrtin bin. / Ich habe keine Angst davor. / Ich will ohne Sorgen zu euch kommen, / zum Lobe von Gottes Namen und Ehren, / die ihr jetzt so sehr lästert. / […] Ich hoffe, Gott werde in mir Schwachen wirken / und mir meinen Geist zu seinem Lob stärken.*

Eine Schriftgelehrte im Sinne einer studierten Theologin ist sie nicht – wohl aber eine geisterfüllte Bibelkennerin. Also führt sie Bibelstellen als Argumente an. Zum Beispiel nochmals jene Stelle aus dem Buch Joel, in der es heißt, Gott wolle seinen „Geist ausgießen über alles Fleisch, und […] Söhne und Töchter sollen weissagen". Frauen und Männer in einem Atemzug genannt – nicht von Argula selbst, sondern von einem Propheten! Demzufolge wolle Gott seinen Geist nicht in einen *engen Stall* stellen, betont sie – vermutlich meint sie damit einen, in dem sich nur Männer befinden. Das würde höchstens behaupten, wer *ein geschwätziges Maul* hat. Gott aber rede von *vielerlei Form*, von Söhnen und Töchtern, aber auch von Mägden und Sklaven, und nicht nur von Gelehrten und Mächtigen. *Wenn der Bauer, die Bäuerin davon ausgeschlossen sein sollen, so zeigt mir, wo ihr es geschrieben findet*, fordert sie den Spötter auf. Wenn er nicht meine, dass sich der Geist in Schwachen wie in Starken zeige, möge „Johannes" das allen Ernstes bekennen: *Sprecht: Gottes Geist ist in euch, außer dort, / wo die Frau von der Welt der Männer ausgeschlossen ist.*

Beim Glauben, da ist sich Argula sicher, komme es nicht auf das Geschlecht oder die gesellschaftliche Stellung an, sondern allein auf die Verheißung des Geistes. *Dennoch wollt ihr uns die Worte Gottes verkehren. / Bittet Gott um seinen Verstand. / […] Verfluchen und Verbannen / bewirken nichts, als die Seele und den Leib verdammen / und Fallen zu legen, mit denen ihr uns fangt.*

Nicht sie, sondern der spöttische Ankläger verdrehe das Wort Gottes und müsse sich dafür verantworten – auch wenn er zu den Studierten zähle, denn *auch der tief gelehrte Meister bringt wie die anderen solches Geschwätz hervor, / was doch Gott ver-*

boten hat. [...] Gott gibt euch nicht die Freiheit, / mit seinen Worten zu dichten oder zu komponieren, / sie zu verdunkeln oder zu verletzen, / wie ihr es bisher getan habt. / [...] Während ihr Gottes Wort verdrängt / schändet ihr Gott, und die Seele eilt zum Teufel.

Dann setzt Argula zum Finale an: *Paulus hat mir nicht verboten, / dort, wo Gottes Wort nicht weit verbreitet ist, zu predigen.* Niemand Geringeres als Christus habe sie beauftragt, Einspruch dagegen zu erheben, dass Gottes Wort verdreht werde. Wenn sie deswegen verfolgt werde, nehme sie die Seligpreisung Jesu für sich in Anspruch: *Ihr seid selig, wenn ihr meinetwegen verfolgt werdet / und wenn euch die Menschen hassen, / ja sogar verschmähen und verstoßen / und euren Namen beschmutzen, / nur wegen des Menschensohns, / erfreut euch an diesem Tag.* Argulas Fazit in heutigen Worten: Wer zuletzt lacht, lacht am besten. Im Original klingt da so: *Weh über euch, die ihr jetzt lacht, / ihr werdet bald klagen und weinen.* Der anonyme „Johannes" möge sich doch ein Beispiel an der biblischen Geschichte von Bileams Esel nehmen, der einen Engel entdeckt habe: *Von Balaams Eselin lernt nur gut, / Mein lieber Johannes aus Landshut. / Wenn es Gott so will.*

Die Angst der Männer vor gebildeten Frauen

Es ist sehr wahrscheinlich, dass der unbekannte Verfasser des Spottgedichtes Argulas Erwiderung gelesen hat. Doch wie er reagiert hat, bleibt unbekannt. Bis auf eine Ausnahme: Er hat die Einladung Argulas zum öffentlichen Streitgespräch nicht angenommen. Er hielt seine Argumente also wohl doch nicht für stärker als ihre. Eine – aus seiner Sicht geistig wie geistlich unterlegene – Frau hatte ihn, den markigen Studenten, herausgefordert. Aber er bleibt im Dunkeln, statt sich mannhaft dem Duell der Worte zu stellen.

Eine theologische Disputation zwischen einem Mann und einer Frau wäre zu dieser Zeit aber auch gänzlich ungewöhnlich gewesen. Solch ein Szenario war allerhöchstens in der literarischen Fantasie vorstellbar. Der Humanist Erasmus von Rotterdam (siehe Abbildung Seite 56) schildert zum Beispiel eines. Gut möglich, dass er sich sogar durch Argula von Grumbachs Schriften dazu animieren ließ (so vermutet die Schweizer Germanistin Barbara Mahlmann-Bauer). In einem seiner unter dem Titel „Vertrauliche Gespräche" („Colliquia familiaria") erschienenen Dialoge lässt er eine gebildete Frau namens Magdalia mit einem Abt Antronius in Dialog treten. Letzterer entpuppt sich als wahrer Rüpel. Die Frau ist ihm intellektuell und emotional weit überlegen. Ihre Wohnung steht voller Bücher, sogar in lateinischer und griechischer Sprache, was den Geistlichen aufbringt: „Frau und Geist schließen sich aus." Wie „ein Sattel nicht zum Ochsen, so passen die Wissenschaften nicht zur Frau". Durch geschicktes Nachfragen erfährt Magdalia vom Abt, dass in keiner der Zellen seiner 62 Mönche Bücher stehen. Der ungebildete Antronius gerät in argumentative Not und redet sich um Kopf und Kragen. „Bücher rauben den Frauen viel von ihrer Hirnsubstanz, von der sie ohnehin zu wenig haben", behauptet er. Magdalia pariert: „Wieviel ihr Männer davon habt, weiß ich nicht. Ich möchte jedenfalls das wenige, das ich habe, lieber für ordentliche Studien verwenden als für das sinnlose Herunterleiern von Gebeten, für nächtelange Gelage und das Leeren mächtiger Humpen." Das „Palaver" mit seinen „Saufbrüdern, Witzbolden und Hanswursten" bringe den Abt wohl um den Verstand. Außerdem sei seine Einschätzung in Hinblick auf gebildete Frauen falsch: „Es gibt in Spanien und Italien nicht wenige Frauen, namentlich unter den Vornehmen, die es mit jedem Mann aufnehmen könnten. Es gibt in England solche im Hause Morus, in Deutschland in den Familien Pirckheimer und Blarer. Wenn ihr nicht auf der Hut seid, wird es noch so weit kommen, dass wir in den Theologenschulen den Vorsitz führen und in den Kirchen predigen. Wir werden eure Mitren an uns reißen!"

Diese satirische Schrift des Erasmus diente nicht nur der Belustigung, sie hat einen aufklärerischen Kern. Die Botschaft lautet: Frauen sind Männern bisweilen auch auf theologischem Gebiet überlegen. Und: Gehen die männlichen Gelehrten weiter so ignorant mit klugen Frauen um, „werden eher die Gänse predigen, als dass man Euch stumme Hirten länger erträgt. Ihr seht, dass die Bühne sich wandelt. Entweder muss man abtreten oder seine Rolle spielen."

Erasmus blieb zeitlebens dem alten Glauben verbunden, er vollzog den Ablösungsschritt der reformatorischen Bewegung nicht mit. Seine Biografie zeigt: Schwarz-Weiß-Denken verbietet sich auch hinsichtlich der Reformation. Humanist zu sein bedeutete keinesfalls automatisch, sich den Ideen der Reformatoren näher zu fühlen als der Idee der Papstkirche. Andererseits bedeutete der wachsende Erfolg der Reformation nicht automatisch ein Umdenken bezüglich der patriarchalen Strukturen der Kirche. „Weiberregiment hat nie etwas Gutes ausgerichtet", blökte Luther und hielt die Frau „für den Haushalt geschaffen", den Mann dagegen als „für das öffentliche Leben, für Kriegs- und Rechtsgeschäfte" zuständig. Zugespitzt fasst er die Geschlechterordnung so zusammen: „Gott schuf Mann und Frau; die Frau, sich zu mehren, den Mann, zu nähren und zu wehren."

Kinder, Küche, Kirche: Das waren in den durch die Reformation entstehenden Pfarrfamilien die Aufgabengebiete der Frauen. In diesen Grenzen durften – und sollten – sie fromm sein. Denn auch das wusste Luther und formulierte es vielleicht im Hinblick auf die von ihm hochgeschätzte Argula: Frauen glauben anders und bisweilen heftiger. „Wenn das weibliche Geschlecht anfängt, die christliche Lehre aufzunehmen, dann ist es viel eifriger in Glaubensdingen als Männer." Frauen in kirchlichen Führungspositionen – das war für die Reformatoren dennoch undenkbar. An den evangelischen Universitäten wurde der männliche Nachwuchs für die evangelischen Kirchen herangebildet. Frauen waren weder für das Studium noch für das Pfarramt vorgesehen. Die Forderung nach mehr Bildung für Pfarrer und Professoren war die evangelische Antwort auf die satirische, aber wirklichkeitsnahe Schilderung depperter Mönche. Allerdings mit einer Kehrseite:

Gebildete Pfarrer sollten kluge und öffentlich wirkende Frauen aus den Kirchenkämpfen heraushalten. Denn die stellten eine Gefahr auch für die reformatorisch gesinnte Männerwelt dar.

In den Wirren der Reformationsanfänge fanden Frauen wie Argula ihre Nische. Je mehr sich die Reformation aber ihre Territorien auch in den Universitäten sicherte, umso weniger Schriften von Frauen erschienen. Der Schulterschluss zwischen den Männern scheint über die Konfessionsgrenzen hinweg unverbrüchlich funktioniert zu haben. Eine Tatsache, die kluge Frauen zur Verzweiflung brachte. „So viele Gelehrte, Weise, große Kirchenmänner und Hochschulen sind gegen uns arme Frauen, die man überall zurückweist und verachtet", erboste sich die Genfer Protestantin Marie Dentière im Jahr 1538 und fragte verbittert: „Ist Christus nicht auch für die armen Unwissenden gestorben, ebenso wie für die glatt rasierten Herren mit Tonsur und Bischofshut? Haben wir zwei Evangelien, eines für Männer und ein anderes für Frauen?" Der vom Reformator Johannes Calvin dominierte Genfer Rat verbot den Verkauf der Bücher dieser klugen Protestantin, die ihren Kummer darüber im Alkohol ertränkte.

Die vielen gebildeten Kirchenfrauen, ob altgläubig wie Caritas Pirckheimer, ob Reformatoren-Gattinnen wie Katharina Zell und Katharina Blarer oder selbständige Theologinnen wie Marie Dentière oder Argula von Grumbach – sie alle bezogen ihr weibliches Selbstbewusstsein aus dem ihrer Vorkämpferinnen in der Renaissancezeit. In Norditalien waren die Weichen gestellt worden für die Gleichberechtigung der Frauen auch in den Kirchen. In Reinform ist sie zu finden in den Schriften der französischen Schriftstellerin Christine de Pizan (1365 – nach 1430). Die gebürtige Venezianerin hatte sich über den von Männern behaupteten geistigen Mehrwert der Männer gegenüber den Frauen gewundert. In der Bibel sei das jedenfalls nicht verankert, schrieb sie und trat in einen humorvollen Dialog mit Gott: „Es ist doch undenkbar, dass du in irgendeiner Sache versagt haben solltest!" (In verschärfter Version fand dieser Satz ein Echo im Spontispruch der kirchlich-feministischen Szene am Ende des 20. Jahrhunderts: „Als Gott den Mann schuf, übte sie noch.")

Nicht der geringste Zweifel könne daran bestehen, meinte Christine de Pizan, „dass die Frauen ebenso zum Volke Gottes gehören wie die Männer". Couragiert griff sie die Männerwelt an: „Diejenigen, die Frauen aus Missgunst verleumdet haben, sind Kleingeister, die zahlreichen ihnen an Klugheit und Vornehmheit überlegenen Frauen begegnet sind. Sie reagierten darauf mit Schmerz und Unwillen, und so hat ihre große Missgunst sie dazu bewogen, allen Frauen Übles nachzusagen."

Doch im 16. Jahrhundert schreckten auch die Renaissance-Vertreter vor Gleichberechtigungsvisionen wieder zurück. Zum Beispiel Juan Luis Vives, der neben Erasmus wohl meistgelesene Humanist. 1529 gestand er Frauen zwar theoretische Ebenbürtigkeit in Sachen Intellekt zu, doch um sie vor Unschicklichkeiten zu bewahren, sollte ihre Bildung sich auf Bibelkenntnis, gute Manieren und moralische Grundsätze beschränken. Letztlich wird auch Erasmus eine ähnliche Einstellung vertreten haben. Mit einem Unterschied: Er verbot den Frauen keineswegs klassische Bildung, sondern er wollte, dass die Männer – erst recht die Geistlichen – sich in einen Wettstreit mit ihnen begeben. Dass sie die Bildung der Frauen als Herausforderung erkennen und ihre eigene erweitern.

Friedrich wird seines Amtes enthoben

Und wie war es im Hause der Grumbachs? Kaum vorstellbar, dass Argula nicht mit ihrem Mann Friedrich besprochen hat, was sie bewegte; dass es nicht heiße Diskussionen gab um die Gedanken der evangelischen Bewegung, um den Fall des Arsacius Seehofer und all die andere heiklen Themen. Die beiden werden sich ausgetauscht haben – womöglich heftig, womöglich tolerant. Nur so viel lässt sich über das Ergebnis sagen: Weder der eine noch die andere ließ ab vom eigenen Standpunkt, man respektierte aber offensichtlich den anderen. Gleichwohl hat Friedrich versucht, seine Frau von ihrem Protest abzuhalten. *Er tut leider sehr viel dazu, dass er Christus in mir verfolgt,* hatte sie im Dezember 1523 in einem veröffentlichten Brief an ihren Onkel Adam von Thering geschrieben. Das war ein öffentlicher Affront und konnte nur so aufgefasst werden, dass Argula ihren Gatten vorführte und aller Welt klarmachen wollte: Meinem Ehemann unterwerfe ich mich ebenso wenig wie den herrschenden Männern in Kirche und Gesellschaft. Er hatte sich gegen Argula nicht durchsetzen können – oder wollen? Dem geltenden Gesetz nach hätte er seine Frau zum Schweigen bringen können; er tat es nicht oder zumindest erfolglos. Die Stimmen mehrten sich, dass Friedrich von Grumbach, angesehener Pfleger von Dietfurt, seine Frau strafen sollte. Schließlich sei sie eine „Teuflin", heizte Universitätsrektor Leonhard von Eck gegenüber dem bayerischen Herzog die Stimmung an, und beschuldigte sie, Luthers Lehren zu verbreiten. Mit Erfolg: Herzog Wilhelm IV. ließ Friedrich von Grumbach Vorschläge unterbreiten, wie dieser seine Ehefrau von ihrem aufrührerischen Verhalten abhalten könne: zum Beispiel durch das Abhacken zweier Finger oder gar durch ein beherztes Erwürgen, er würde sogar straffrei ausgehen.

So weit kam es nicht, der bayerische Herzogshof wollte den Unruheherd in Gänze beseitigen. Anfang 1524 wurde Friedrich von Grumbach seines Amtes enthoben. Die Familie sollte in ihrer gesellschaftlichen Stellung herabgesetzt werden, sollte Argulas hartnäckige Unbelehrbarkeit über Ehrverlust und den Geldbeutel büßen müssen.

Argula ließ sich dadurch nicht bremsen. Der anonyme Spottdichter Johannes hatte sie aufgefordert, sie solle ihrem Mann doch in Gehorsamkeit dienen und ihn in Ehren halten. Argula antwortete, sie sei bemüht, ihm eine gute Ehefrau zu sein. *Wenn er mich aber zu zwingen und von Gottes Wort zu vertreiben beabsichtigte, davon würde ich gar nichts halten.* Der wahrhaftige Glaube gelte ihr mehr als die Ehe, beteuert sie und weiß sich mit dieser Einstellung eins mit der Bibel: *In Matthäus finde ich geschrieben, / im zehnten Kapitel lest davon, / ja, daß wir uns trennen müssen / von Kind, Haus, Hof und was man hat. / Wer diese Sachen mehr liebt als Ihn, der ist ausgeschlossen, / derselbige wäre Seiner nicht würdig.*

Im fernen Wittenberg erfährt auch Martin Luther vom Schicksal der Grumbachs. In einem Brief an seinen Mitstreiter Johann Briesmann in Königsberg schreibt er: „Der Herzog von Bayern wütet über alles Maß, er metzelt nieder, richtet zugrunde und verfolgt das Evangelium mit aller Macht. Die edelste Frau Argula von Stauffen kämpft einen gewaltigen Kampf in diesem Land mit großem Geist und reich an Worten und Erkenntnis Christi. Sie ist wert, dass wir alle für sie beten, damit Christus in ihr und durch sie triumphiere. Sie hat die Universität Ingolstadt mit Schriften angegriffen, weil sie Arsacius, einen jungen Mann, zu einem schimpflichen Widerruf gezwungen haben. Ihr Mann, schon von sich aus gegen sie ein Tyrann, wurde jetzt von seiner Präfektur vertrieben. Du kannst dir denken, was er tun wird. Sie lebt allein unter diesen Monstern – fest im Glauben, aber – wie sie selbst schreibt – mitunter nicht ohne Furcht des Herzens. Sie ist ein einzigartiges Werkzeug Christi." Am Ende wünscht sich Luther, „dass Christus in seiner Weisheit durch dieses schwache Gefäß vernichte die Mächtigen und Herrlichen".

Ein frommer Wunsch. Erfüllt wurde diese Machtfantasie Luthers freilich nicht. Im Gegenteil: In Bayern schmieden die Altlutherischen ein neues Bündnis.

Argula ermahnt die Regensburger Stadtväter

Bayern evangelisch? Bis heute umgibt das sich Freistaat nennende Bundesland das Image, Herz des deutschen Katholizismus zu sein, obwohl mittlerweile ein Drittel der Christen dort evangelisch ist. Die Wurzeln dafür liegen in den Auseinandersetzungen und Kämpfen der Reformationszeit. Die fränkischen Reichsritter schlugen sich eher auf die Seite der Evangelischen – nicht nur aus Glaubensgründen, sondern auch um damit ihre Opposition zum altgläubigen bayerischen Herzogshof und zum Kaiser zu bekunden. Dennoch: Die Fronten, die sich während der Kämpfe der Reformationszeit bildeten, verliefen nicht immer gerade. Unter anderem deshalb, weil die papsttreuen bayerischen Herrscher zwar das Eindringen der evangelischen Lehre unterdrücken wollten, hier und dort sogar die Evangelischen verfolgten, gleichzeitig aber Reformen des Klerus forderten. In der Kirche sollte nicht alles beim Alten bleiben; nur sollten die Reformen keinesfalls so weit gehen, wie Luther und seine Gefolgsleute es wünschten. Gegen sie formierte sich im Sommer 1524 eine neue Front. Die antilutherischen Kräfte luden nach Regensburg ein. Sie wollten ein schlagkräftiges Bündnis schmieden. Im Vorfeld baten sie Regensburg, evangelische Schriften zu verbieten; die Stadtväter beugten sich dem Wunsch.

Als Argula davon erfährt, ist sie bestürzt und schreibt einen Sendbrief *an die von Regensburg*. Sie adressiert ihn an den Bürgermeister und den Rat und fügt hinzu: *meinen guten Freunden*. Die persönliche Anrede zeugt wohl davon, dass sie einige Regensburger Verantwortliche tatsächlich kennt durch ihre Aufenthalte am dortigen Staufferhof, den sie schon als Kind mit ihrer Mutter besucht hatte.

Ich sehe euch irren, schreibt sie unverblümt, *darum kann ich es nicht unterlassen, euch zu ermahnen*. Die Zensur lutherischer Schriften sei ein *Werk des Satans, demselbigen sollt ihr widerstehen, stark im Glauben*. Die Stadtväter sollten bedenken*, dass sie Gott zu Hütern und Aufsehern gesetzt hat, nehmet wahr der Seelen in Eurem Gebiet, nicht mit Gold oder Silber erkauft, sondern mit einem teuren Wert des rosenfarbenen Bluts des Herrn Christus. Es ist Zeit, aufzustehen vom Schlaf; denn unser Heil ist näher, denn da wir gläubig wurden. Lasst uns ritterlich wider die Feinde Gottes kämpfen; er wird sie erschlagen mit dem Hauch seines Mundes. Das Wort Gottes muss unsere Waffe sein – nicht mit Waffen dreinzuschlagen, sondern den Nächsten zu lieben und Frieden untereinander zu haben. Aus diesem Grund habe ich es gewagt, Euch Lieben zu schreiben und zu ermahnen. Es ist Zeit, dass die Steine bei uns schreien.*

Die Regensburger Stadtväter reagieren nicht, sondern freuen sich auf die Prominenz, die in ihre Stadt kommt. Sogar der österreichische Erzherzog Ferdinand reist an, ein Bruder des Kaisers. Ergebnis: Die Unterlassung der herkömmlichen Sakramente wird unter Strafe gestellt, ebenso Änderungen bei der Messe und der Bruch der Ordensgelübde und des Zölibats. Das Studium in Wittenberg wird ebenso wie der Besitz lutherischer Bücher verboten. Gleichzeitig sollen die Bischöfe für eine Reform des Klerus sorgen. Missstände, zum Himmel schreiende Laster der Geistlichen, unter anderem Unzucht und finanzielle Bereicherung, sollen gestoppt werden.

Die Lutherischen müssen um ihr Leben fürchten; Argulas Einwände konnten die Steine nicht zum Schreien und weder die politisch noch kirchlich Verantwortlichen zum Einlenken bringen. „Ach Gott! Wie viel reicher ist Argula von Stauffen als alle die Bischöfe, die das Wort Gottes ignorieren!", klagt Martin Luther seinem Freund Spalatin.

Gipfeltreffen mit Martin Luther

Bauern proben den Aufstand

„Jene Argula errettet und führt Christus zum Sieg!", hatte Martin Luther Ende 1524 an seinen Mitstreiter Spalatin geschrieben. Christus vielleicht – der Familie Grumbach aber bringt Argulas Glaubenskampf empfindliche Nachteile. Ja, Argula war wohl verwandelt „von einer sündigen Tochter Abrahams in eine Tochter Gottes", war zu einer „Jüngerin Christi" geworden, wie Luther pathetisch schrieb. Aber bei aller Glaubenstreue wurde für sie auch die Kehrseite dieser Berufung spürbar. Die Familie musste aus Dietfurt wegziehen; Argula lebte nun zeitweilig in den Grumbach'schen Ländereien in Lenting, manchmal in Burggrumbach. Die Schreibfeder nahm sie nur noch für private Korrespondenz zur Hand. Neben der Erfüllung ihrer Mutterpflichten knüpfte sie weiter an ihrem Netzwerk mit aufgeschlossenen Frauen und Männern. Und sie beobachtete die rasanten Veränderungen in der Geisteswelt und in der Politik.

Da herrscht Chaos: Mit der Bibel in der Hand protestieren die Bauern gegen ihre Herren. An vielen Orten proben sie den Aufstand. Ihre Ziele: weniger Steuern und Abgaben, mehr Rechte. Ausdrücklich berufen sie sich auf die Freiheit, die der Glaube verspreche. Jene Freiheit, die Luther den Christenmenschen zugesprochen hatte, müsste doch auch Gerechtigkeit zwischen Herren und Knechten zur Folge haben! Enthusiastische Prediger heizen die Aufständischen mit endzeitlichen Reden an und verleihen dem gewalttätigen Protest quasi göttliche Würden. 1525 erreichen die Aufstände auch Franken; im Mai plündern Bauern Burggrumbach. Den gut aufgestellten Soldaten der Fürsten und Bischöfe jedoch können die Bauernhaufen letztlich nichts entgegensetzen. Brutal werden die Protestler verfolgt, gehetzt, gefoltert und hingerichtet. Evangelisch gesinnte Vermittler wie Argulas Vertrauter Martin Cronthal, der Würzburger Stadtschreiber, sind bei aller Kritik an den Bauern entsetzt über die Gegengewalt der „gottlosen Tyrannen". Von Argula ist nicht bekannt, wie sie die Aufstände bewertete; innerlich wird sie sehr mitgegangen sein, immerhin war ihr Bruder Bernhardin an der Niederschlagung der Aufstände beteiligt, ebenso ihr jüngster Bruder Marcellus – er fiel bei Salzburg im Kampf.

Über Argulas Seelenlage lassen sich allenfalls Vermutungen anstellen. Zu Tode betrübt war sie wohl wegen des Todes ihres vertrauten Bruders; himmelhochjauchzend wahrscheinlich über die Geburt ihres kleinen Sohnes. Ihr Mann Friedrich war gedemütigt und hatte sein Renommee verloren. Keiner der Adressaten ihrer Briefe hatte reagiert, sich bedankt oder gar das Gespräch mit ihr gesucht. Und die reformatorische Bewegung hatte durch die Bauernkriege einen seltsamen Einschnitt erlebt. Luther hatte sich von den Forderungen der Bauern distanziert; in seiner Schrift „Wider die mörderischen rotten der Bauern" hatte er den Fürsten sogar das Recht zur grausamen Niederschlagung gegeben. Der ehemalige Lutherschüler Thomas Müntzer hatte die Bauern unterstützt und war selbst gefoltert und geköpft worden. Was für ein Spagat: Einerseits waren die Reformatoren dafür angetreten, dem Volk die Bibel zurückzugeben; nun erhob sich ein Teil des Volkes mit der Bibel in der Hand und wurde auch von evangelischen Fürsten scharf niedergeknüppelt.

Argula zieht sich ins publizistische Exil zurück. Sie ist nicht die einzige Frau, die sich während dieser Jahre zu Wort meldete und nun mehr oder weniger plötzlich verstummt. Historiker suchen nach Erklärungen für dieses Phänomen. Der Kirchengeschichtler Thomas Kaufmann bietet zwei Deutungen an. Zum einen: Revolutionäre Bauern nahmen vermehrt die reformatorische Botschaft in Anspruch – ein Grund für die eher hochgestellten evangelischen Frauen, sich zu distanzieren und lieber zu schweigen, statt der Gefahr anheim zu fallen, mit den Bauern auf eine Stufe gestellt zu werden. Zum anderen: Mit dem Erstarken der Reformation sei auch das Bild einer vorbildhaften Pfarrfamilie entworfen worden. Hier gehörte die Frau in den Haushalt und hielt ihrem öffentlich wirksamen Mann den Rücken frei, statt sich selbst öffentlich zu engagieren. Argula und ihre Mitstreiterinnen agierten in den Jahren 1522 bis 1524 noch in einem Vakuum; ihr Wirken war in dieser Zeit auch von den Reformatoren willkommen geheißen und als Unterstützung empfunden worden. Je renommierter die Reformation aber wurde, desto mehr wurde die Rolle der Frauen zurechtgestutzt auf ihren Dienst als Haushälterinnen im Hintergrund, die den großen Männern den Rücken stärkten.

Erziehungsprobleme

Argula weiß, wie wichtig Bildung ist für das Lebensglück und für die eigene Reifung. Ihren Kindern will sie selbstverständlich die beste Bildung mit auf den Weg geben. Und so ziehen sie hinaus aus der Provinz in die Städte. Sohn Georg wird von seinen Eltern 1524 nach Nürnberg geschickt; hier soll er die Weiten des Wissens und des Glaubens kennenlernen. Hans Denck, der Rektor der Sebaldusschule, ist vom Geist des Humanismus erfasst. Als Lehrer wird er zum ersten Vorbild Georg von Grumbachs. Doch es kommt zu Problemen. Denck ist sogar den Sympathisanten der Reformation zu radikal in seinen Ansichten. Streit mit dem St.-Lorenz-Pfarrer und Argula-Vertrauten Andreas Osiander ist die Folge. Denck muss die Stadt verlassen.

Georg ist traurig über den Verlust seines Lehrers. Pfingsten 1525 schreibt er seinen Eltern einen Brief: „Mein allerliebste Frau Mutter und Herr Vater, ohne Zweifel wisst ihr, dass mein Magister zu St. Sebald wegen seines irrsamen Verhaltens und Schwärmens beurlaubt ist worden und vertrieben mit Malern und andern mehr, denen er anhängig war, so dass ich und viele andere großes Mitleid empfinden. Weil es nun aber so und nicht anders gekommen ist, mussten wir Gott walten lassen. Nach seinem Abschied war ich etliche Tage bei der Fürerin [vermutlich ist die mit Argula befreundete Frau Katharina Fürer gemeint], bis mich Osiander einem andern Lehrmeister vermittelt hat, nämlich dem Magister bei St. Lorenz, wo ich nun bin. Hoffentlich ist es hier nicht weniger nützlich als bei dem vorigen." Johann Ketzmann heißt sein neuer Lehrer, ein lutherischer Theologe und Pädagoge. Osiander hatte 18 Gulden als Entgelt ausgehandelt, das Georgs Eltern zahlen mussten. „Es fehlt mir an nichts", schreibt Georg, „Gott sei Lob", der neue Ausbilder „hat großen Fleiß mit uns, ist ein frommer ehrbarer Mann, hat auch ein frommes Eheweib. Ich hoffe, ich werde mich so gut machen, dass er seine Mühe und Arbeit und Ihr die Kosten an mir nicht bereut. Ich will mich in allen Dingen Eurem und seinem Willen fügen, damit ich etwas lerne, Gott zu Ehren und mir und dem Nächsten zugute." Offensichtlich fühlt sich Georg seinen Eltern gegenüber zu großem Dank verpflichtet. Sie würden die Ausgabe nicht bereuen, betont er, „es soll nicht übel angelegt sein, mit der Zeit hundertfältige Frucht bringen. [...] Grüßt mir meine Geschwister mitsamt allen guten Freunden und schreibt mir wieder", schließt er seinen Brief und unterschreibt mit „Georg von Grumbach, Euer williger Sohn".

Georg weiß: So viel Geld wie in Dietfurt haben seine Eltern nicht mehr zur Verfügung. Argula muss haushalten. Nahrungsmittel, Kleider für die Kinder, Unterrichtsgelder: Die Fixkosten sind hoch, obwohl die Einnahmen gesunken sind. So sehr, dass Argula sogar einiges Gut zu einem Regensburger Pfandleiher tragen muss.

Die Situation setzt auch Sohn Georg unter Druck. An Wille fehlt es nicht – wohl aber an Disziplin. Eigentlich müsste er untadelig seine Ausbildung in Nürnberg wahrnehmen. Doch Lehrer Ketzmann hat Grund zur Klage. „Euer Sohn Georg ist häufiger bei Eurem Bruder im Wirtshaus als bei mir in der Schule", schreibt er am Aschermittwoch 1529 an Argula, „will ich ihn dafür bestrafen, behauptet er, das sei Euer Wille und Befehl." Georg sei über alle Maßen eigensinnig geworden. Verunsichert erbittet Lehrer Ketzmann Hilfe und Eindeutigkeit. Georg fährt für einige Wochen zu seinem Vater Friedrich. Zurückgekehrt nach Nürnberg in die Obhut Ketzmanns, ist er keineswegs geläutert. Die Lage eskaliert, so dass der Lehrer sich in einem weiteren Brief Luft macht, diesmal am Ostersonntag an den Vater Friedrich von Grumbach. „Alle guten Künste, Sprachen und Schriften, auch […] alle[n] guten Sitten und Tugenden" habe er Georg nahezubringen versucht. Nach dem Aufenthalt bei seinem Vater sei Georg aber noch trotziger und unzugänglicher als zuvor. Ohne erzieherische Strenge vom Vater könne Ketzmann nicht viel ausrichten.

Georg fand sich „zwischen den Kulturen seines Vaters und seiner Mutter hin- und hergerissen", deutet Biograf Matheson die Situation. Hier die bildungsbeflissene Mutter, die ihren Sohn zu einem klugen Menschen machen möchte; dort der stets kampfbereite Vater, der dessen adliges und männliches Selbstbewusstsein stärken will. Hier Schule, Disziplin und Geist – dort Abenteuer, Alkohol und Spiele. Ob Argula Verständnis für diese Deutung gehabt hätte? Für sie war doch das Bestehen im evangelischen Glauben das Abenteuer schlechthin! Der Mut, den sie gezeigt hatte, übertraf aus ihrer Sicht wahrscheinlich den Mut, der für ritterliche Ränkespiele aufzubringen war.

Der Konflikt bekommt eine neue Wendung: Im Sommer stirbt Friedrich von Grumbach. Er wird in seiner Hofmark Lenting beigesetzt. Argula ist Witwe und trägt nun noch mehr Verantwortung für ihre Kinder. Zudem muss sie sich auf ein Treffen mit dem anderen wichtigen Mann in ihrem Leben vorbereiten.

Besuch bei Luther auf der Veste Coburg

Mit Martin Luther verbindet sie nicht nur große Übereinstimmung in Glaubensfragen. Beide achten einander sehr. Wahrscheinlich haben sie sich auch direkt Briefe geschrieben (erhalten sind allerdings keine); über Mittelsmänner erfahren sie oft voneinander. Bereits 1522 war Luther so angetan von der mutigen Argula, dass er ihr ein Gebetbüchlein mit persönlicher Widmung zukommen ließ. Aus der Ferne kommentierte Argula sogar Luthers Liebesleben. Das geht aus einem Brief Luthers an Spalatin hervor, den er am 30. November 1524 verfasste: „Dass mir Argula von Heiratsplänen schreibt, dafür danke ich und wundere mich nicht, dass solche Dinge über mich geschwatzt werden, da auch vieles andere geschwatzt wird. Aber Du danke ihr in meinem Namen und sage ihr, ich sei zwar in der Hand Gottes als eine Kreatur, deren Herz er jede Stunde und jeden Augenblick ändern und wieder ändern, töten und lebendig machen kann. Doch bei der Gesinnung, die ich gehabt habe und noch habe, wird es nicht geschehen, dass ich heirate. Nicht dass ich mein Fleisch und Geschlecht nicht spüre – ich bin weder Holz noch Stein –, aber mein Sinn steht der Ehe fern, da ich täglich den Tod und die verdiente Strafe für einen Ketzer erwarte. Daher werde ich auch Gott keine Grenze seines Werks in mir setzen noch mich auf mein Herz verlassen. Ich hoffe aber, dass er mich nicht lange leben lassen wird. Gehab Dich wohl und bete für mich." Luthers Vorsätze in allen Ehren – schon ein halbes Jahr später brach er sie und heiratete die flüchtige Ordensschwester Katharina von Bora.

Martin Luther. Porträt von Hans Brosamer, 1530.

Nun, sechs Jahre später, nimmt Argula die Gelegenheit wahr, Martin Luther persönlich kennenzulernen. Am Karfreitag 1530, dem 15. April, war er in einem großen Tross des sächsischen Kurfürsten Johann des Beständigen in Coburg eingetroffen: mehr als zweihundert Menschen, verteilt auf 223 Pferde und 15 Kutschen. Die Stadt war nur Zwischenstation auf dem Weg nach Augsburg, wo im Sommer der Reichstag zusammentreten sollte. Für Martin Luther aber sollte Coburg die Endstation bleiben. Er stand unter Reichsacht und Kirchenbann; nur hier, im äußersten Zipfel des kursächsischen Gebietes, war er sicher, stand er unter der Obhut des ihm wohlgesinnten sächsischen Kurfürsten. Eine Weiterreise durch Franken und Bayern hätte ihn das Leben kosten können. Der Kurfürst stellte ihm zwei Zimmer auf der Veste Coburg zur Verfügung. Im Morgengrauen des 24. April erklomm er den steilen Weg zur Festung, begleitet von seinem Vertrauten Veit Dietrich und seinem Neffen Cyriakus Kaufmann. Noch am selben Nachmittag schrieb er seinem Freund Philipp Melanchthon, der schon auf der Weiterreise nach Augsburg war: „Der Ort ist gar lieblich und zum Studieren recht bequem. Das große Gebäude, so am Schloss hervorragt, ist ganz das unsere. Wir haben die Schlüssel zu allen Zimmern." Am Ende grüßt er „aus dem Reich der Vögel".

Luther-Stube auf der Veste Coburg in heutigem Zustand. Hier könnten Martin Luther und Argula von Grumbach gesessen haben.

Zur Beobachtung der Natur hat Luther nun jeden Tag Zeit und Muße. Sein Fenster im ersten Stock gibt den Blick frei gen Norden über die Thüringer Wälder. Im Gehölz direkt an der Veste „haben die Dohlen und Krähen einen Reichstag hingelegt. Ein solches Geschrei Tag und Nacht ohne Aufhören, als wären sie alle trunken, voll und toll." Nachts sieht er „die Sterne am Himmel und das ganze schöne Gewölbe Gottes", das ihn zu einem Gleichnis für den Glauben inspiriert: „doch nirgends Pfeiler, darauf der Meister solche Gewölbe gesetzt hatte; dennoch fiel der Himmel nicht ein und stehet auch solch ein Gewölb noch fest." Auch sieht er „große, dicke Wolken über uns schweben mit solcher Last, dass sie möchten einem großen Meer zu vergleichen sein".

Viel Arbeit hat sich Luther auch mitgenommen für die Zeit in Coburg. Während seine Freunde in Augsburg vor Klerus und Kaiser die evangelische Sache vertreten, will er studieren und schreiben – über die Psalmen, über die Kunst des Übersetzens und über den Sinn und Wert von Fabeln. Doch seine Arbeitsruhe wird immer wieder unterbrochen von Besuchen. Evangelisch Gesinnte aus der Region möchten mit dem bekannten Reformator aus Wittenberg sprechen.

Am 2. Juni klopft sogar eine Frau ans Tor der Festung und bittet um Einlass: Argula von Grumbach. Die beiden essen zusammen. Sie sprechen über Kirche und Theologie, aber auch über sehr Privates.

Zwei Tage nach dem Besuch schreibt Luther liebevoll seiner „herzlieben Hausfrauen Katherin Lutherin zu Wittenberg": „Frau Argula ist hier bei uns gewesen und hat mit mir gegessen", berichtet er. Vermutlich hatte er Argula ein Bild seiner Tochter „Lenchen" gezeigt, das Käthe ihm geschickt hatte. Fünfzehn Monate alt war sie: Zeit zum Abstillen. Wie das gehe, dazu gab Argula ihm Tipps, die der sehnsüchtige Vater an seine stillende Frau weitergab. „Ich denke, wenn du die Milch absetzen willst, dass es gut ist, sie allmählich zu entwöhnen, so dass du ihr zuerst einmal am Tage die Brust vorenthältst, danach zweimal am Tage, solange bis sie von allein langsam davon ablässt. So hat Frau Argula geraten." Am gleichen Tag berichtete er in einem Brief an Melanchthon, was ihm Argula aus der Welt der großen Politik berichtet hatte: „Vorgestern war Argula von Stauffen hier, die mir erzählt hat von dem wundersamen Pomp, wie der Herzog von Bayern den Kaiser in München mit Schauspielen und anderen neuen Ehren empfangen hat."

Obwohl er durch die Besuche von Argula und anderen viele Denkimpulse empfängt – letztlich stören ihn die Besucher über alle Maßen. „Wir müssen an einen anderen Ort, er will zu allgemeiner Wallfahrt hierher werden", schreibt er seiner Käthe; später versucht er, den Eindruck zu erwecken, er sei tatsächlich an einen anderen, unbekannten Ort gezogen. Doch er bleibt auf der Veste. Seine innere Aufmerksamkeit gehört den Geschehnissen im rund 300 Kilometer entfernten Augsburg.

Katharina von Bora. Porträt von
Hans Brosamer, 1530.

Argula beim Augsburger Reichstag

Am 2. Mai trifft der Tross, der Luther in Coburg abgesetzt hatte, in
Augsburg ein. Dort tagen die Vertreter des Heiligen Römischen Reichs,
um letztlich zu entscheiden, wie mit den Anhängern der reformatorischen Lehre verfahren werden soll. Auch der Kaiser wird erwartet.
Oberster Verhandlungsführer der Protestanten ist Philipp Melanchthon, ein besonnener Humanist und Mitstreiter Martin Luthers in
Wittenberg. Gut sechs Wochen lang hat er Zeit, um eine Verteidigung
des evangelischen Glaubens zu verfassen. Mehrere Vorlagen, auch
von Luther, verarbeitet er zu einer eigenständigen Bekenntnisschrift.
Seine Strategie: in wesentlichen Punkten an der evangelischen Lehre
festhalten, in unwesentlichen – den sogenannten Adiaphora – können
Zugeständnisse gemacht werden. Zwar liegt eine Kirchenspaltung in
der Luft, aber Melanchthon hat noch nicht die Vision aufgegeben,
die bestehende römische Kirche könne reformiert werden. Deshalb
begründet er die evangelische Lehre oft mit Zitaten der Kirchenväter.
Den Entwurf schickt Melanchthon zur Beurteilung an Luther. Der
enthält sich einer ausführlichen Kommentierung. „Ich habe Mag.

71

Philipps Apologie durchgelesen", schreibt er an Kurfürst Johann, „die gefällt mir sehr wohl, und ich weiß nichts daran zu bessern noch zu ändern. Das würde sich auch nicht einfügen, denn ich kann so sanft und leise nicht treten. Christus, unser Herr, helfe, dass sie viel und große Frucht schaffe, wie wir hoffen und bitten, Amen." Melanchthon zieht andere Mitstreiter zu Rate, um die „Confessio Augustana" zu vervollkommnen. Ihr erklärtes Ziel ist es, nachzuweisen, „dass die Reformation in Lehre und Ordnung mit der Heiligen Schrift und mit der katholischen Kirche übereinstimmt".

Augsburg ist voll mit Gelehrten und Klerikern, Fürsten und Potentaten, Abgesandten und buntem Volk. Auch einer von Argulas Vertrauten ist vor Ort: Andreas Althamer, lutherischer Stadtpfarrer aus Ansbach. Am 26. Mai hatte er an Argula, „die edle und tugendhafte Frau", einen Brief geschrieben: „Ich möchte Sie wissen lassen, dass wir alle in unserem Haus frisch und gesund sind am Leib; Gott gebe auch den Seelen Gesundheit! […] Gott gebe seiner Kaiserlichen Majestät und allen Fürsten seinen heiligen Geist und Armen einen beständigen festen Glauben, dass wir in der Zeit der Anfechtung bestehen mögen und selig werden!" Irgendwann im Juni, nachdem sie Luther in Coburg besucht hat, reist auch Argula von Grumbach nach Augsburg – nicht als offizielle Teilnehmerin, wohl aber als Diskutantin in den unzähligen Hintergrundgesprächen, die in den Wirtshäusern der ganzen Stadt stattfinden. Dort wird auch über eines der theologisch brisantesten Themen gesprochen: über die Bedeutung der sogenannten Transsubstantiation, der physischen Verwandlung des Brotes in Christi Leib beim Abendmahl. Luther und die Wittenberger Reformatoren hatten der römischen Lehre in diesem Punkt noch nicht ganz entsagt, behaupteten eine reale Verwandlung von Brot und Wein. Anders einige süddeutsche Reformatoren und der Zürcher Reformator Ulrich Zwingli. Sie verstanden das Abendmahl eher symbolisch. Die Fronten innerhalb des evangelischen Lagers waren verhärtet. Argula gelingt es zu vermitteln. Gemeinsam mit dem Augsburger Reformator Urban Rhegius und dem Stadtarzt Gereon Sailer versucht sie, das Gespräch zwischen den Parteien wieder in Gang zu bringen. Mit Erfolg: Melanchthon und der Straßburger Reformator Martin Bucer nehmen den Gesprächsfaden wieder auf. Auch gelingt es ihr, einzelne

Fürsten zu ermahnen, die Bibel zu lesen und ihr Vertrauen auf Gott zu setzen.

Trotz aller Bemühungen und Zugeständnisse an die römisch-katholische Lehre: Der Reichstag endet mit einem Desaster. Sieben Landesherren und zwei Reichsstädte bekennen sich zur Confessio Augustana, unter ihnen auch der hessische Landgraf Philipp. Am 25. Juni hören sie, wie der kursächsische Kanzler Christian Beyer sie in deutscher Sprache vor dem Reichstag verliest. Am Ende werden die katholischen Landesherren und der Kaiser (wenn er nicht geschlafen hat, wie eine Legende sagt) aber aufgehorcht haben. Nach vielen versöhnlichen Tönen fordern die Evangelischen die Bischöfe auf, „dass sie die Gewissen nicht zu Sünde zwingen". Und sie halten den Anwesenden die Möglichkeit einer Kirchenspaltung vor Augen: „Wenn sie das aber nicht tun werden und diese Bitte verachten, mögen sie bedenken, wie sie es vor Gott verantworten können, dass sie mit dieser ihrer Härte die Spaltung und das Schisma der Kirche verursachen, was sie doch billigerweise verhüten helfen sollten."

Melanchthon, der während der Präsentation des Bekenntnisses erschöpft im Gasthaus gewartet hat, ist deprimiert. Die Confessio ist bei der Verlesung nicht auf die erhoffte allgemeine Zustimmung gestoßen. Melanchthon hat sein Ziel verfehlt. Mit einem Brief versucht Luther, ihn aufzubauen und die Last der Verantwortung von seinen Schultern zu nehmen: „Fallen wir, so fällt Christus, er, der Herrscher der Welt." Auch nimmt er seinen Freund gegen Angriffe in Schutz und tröstet ihn: „Nehmt Euch ja der Leute Urteil wenig zu Herzen, die da sagen, Ihr hättet den Papisten zu viel nachgegeben!"

Die katholische Seite unter ihrem Wortführer Johannes Eck, dessen unnachgiebige Haltung Argula aus Ingolstadt kennt, bleibt hart. Um seine Position noch genauer zu erklären, schreibt Melanchthon eine Verteidigung („Apologie") zum Augsburger Bekenntnis, doch Kaiser Karl V. weist sie zurück. Den Protestanten bleibt wieder nur der Protest – unter dem verlassen sie Augsburg.

Argula hat es nicht so weit wie Melanchthon und seine Mitstreiter, die nach Wittenberg zurück müssen. Sie reist nach Lenting, rund siebzig Kilometer entfernt. Dort hat sie viele Reiseeindrücke zu verdauen.

Neues Glück und tiefe Trauer

Die Managerin

Große Hoffnungen hatten auf dem Augsburger Reichstag gelegen. Am Ende macht sich große Ernüchterung breit. In der historischen Rückschau markiert das Treffen den Beginn der unumkehrbaren Spaltung der Kirche in die römisch-katholische und die evangelische. Unzufrieden sind die Protestanten: Ihnen ist es trotz großer Zugeständnisse nicht gelungen, die gesamte Kirche in ihrem Sinne zu reformieren. Unzufrieden ist aber auch Kaiser Karl V. Denn der lästige Glaubensstreit würde nun weitergehen und dem Reich womöglich jene Energie und Einmütigkeit rauben, die im Kampf gegen die voranrückenden „Türken" lebensnotwenig ist.

Offiziell gelten Protestanten weiterhin als Ketzer. Aus pragmatischen Gründen geben die Herzöge und der Kaiser 1532 deren Verfolgung jedoch auf. Im sogenannten Nürnberger Anstand sichern sich die Konfessionen gegenseitige Rechts- und Friedensgarantie zu. Dennoch arbeiten die evangelischen Länder selbstbewusst an einem Bündnis: Im Schmalkaldischen Bund wollen sie ihre politischen und wirtschaftlichen Interessen abstimmen und bündeln. Aus dem Glaubensstreit, den Martin Luther im Jahr 1517 angezettelt hatte, ist eine Bewegung entstanden, die die Grundfesten des Reiches auf nahezu allen Ebenen erschüttert hat. Ablass und Sakramente, die Rechtfertigungslehre und das Kirchenverständnis: Diese Themen sind zwar weiterhin virulent und sorgen für heftige Debatten unter den Gelehrten, doch der theologische Konflikt wird immer mehr auch zum Kampf um die politische Macht im Reich.

Argula von Grumbach verfolgt diese Entwicklung wach und sicherlich mit großer innerer Anteilnahme. Sie wird darüber frohlocken, dass ihr Bruder Bernhardin, Schlossherr von Burg Ehrenfels, in ihrem Geburtsort Beratzhausen lutherische Prediger anstellt. Im Sommer 1534 setzt sich in Augsburg die Reformation endgültig durch, acht Jahre später auch in Regensburg. Dem bayerischen Herzog Wilhelm IV. fehlte zunächst die Durchsetzungskraft, dies zu verhindern. Ein günstiges Klima für die Ausbreitung der Reformation.

Argula hatte in den Jahren 1523 und 1524 kräftig mitgemischt, hatte in Nürnberg und Augsburg hinter den Kulissen versucht, Einfluss zu nehmen. Nun verstummt ihre Stimme gänzlich. Es wirkt, als würde sie sich im Alter von 28 Jahren aus der großen Politik zurückziehen. Ganz persönliche Gründe hätte sie genug: Nach dem Tod ihres Mannes muss sie unzählige Verwaltungsaufgaben für ihre Ländereien erledigen. Sie muss sich um Geld für ihren und den Lebensunterhalt ihrer Kinder sorgen. Sie zieht sich nicht ins Private zurück, sondern arbeitet als Managerin: Kümmert sich um Rechnungen und den Verlauf der Ernte, bringt Schulgeld für ihre Kinder auf, schlichtet Konflikte in der Bevölkerung Lentings. Auch wenn es von außen so wirken mag: Ruhe kehrt nicht in ihr Leben ein. Allerdings behält sie ihre Gedanken zu den Fragen der Reformation und des Glaubens zunehmend für sich, tauscht sich allenfalls in persönlichen Briefen mit anderen Evangelischen aus. Viel wird über einen weiteren Grund für ihre Zurückhaltung in öffentlichen Angelegenheiten gemutmaßt. Zum Beispiel, dass sie Schuldgefühle gehabt habe wegen der misslichen Situation, in die sie mit ihren Schriften die ganze Familie gebracht hat. Das schlechte Gewissen habe „Argulas Bekennereifer blockiert", vermutet etwa die Schweizer Theologin Alice Zimmerli-Witschi.

Die zweite Ehe mit Burian von Schlick

Rein äußerlich verbindet Argula mit diesem Mann mehr als mit dem Verstorbenen: Graf Burian von Schlick entstammte einer Adelsfamilie, die in ihrem Gebiet in Nordwestböhmen bereits 1523 die reformatorische Kirchenordnung eingeführt hatte. 1533 heiraten die beiden. Argula wird zur *Gräfin von Schlickin von Passaun*. Ihre Ehe ist eine weitere Besiegelung der verwandtschaftlichen Verhältnisse mit den Stauffern. Drei der Geschwister Argulas hatten bereits Partner aus der Familie von Schlick geehelicht: Bernhardin und Gramaflanz die Schwestern Margarethe und Anna Schlickin; Sekundilla den Grafen Viktorin von Schlick.

Die Ehe entlastet Argula auch in finanzieller Hinsicht: Familie von Schlick ist wohlhabend, unter anderem durch den Besitz mehrerer Silberbergwerke und das amtliche Münzprägerecht. Ihr neuer Mann Burian von Schlick sympathisiert mit den Evangelischen; vermutlich hätte er Verständnis dafür gehabt, hätte sich Argula erneut öffentlich äußern wollen. Doch publizistisch bleibt sie weiter stumm. Viele neue Eindrücke gewinnt sie, unter anderem durch einen Aufenthalt in Prag im Jahr 1533.

Es hätte eigentlich eine glückliche Zeit werden können – wäre da nicht ein Familienzwist in der Schlick-Dynastie gewesen. Einige Mitglieder der Familie von Schlick legen Beschwerde gegen die Rechtmäßigkeit der Ehe von Burian und Argula ein. Im Hintergrund könnte auch der Zorn auf Argulas Bruder Bernhardin stehen, den einige Schlick-Familienmitglieder des Ehebruchs gegenüber Margarethe von Schlick bezichtigen. Die undurchsichtige Intrige endet mit einer demütigenden Verhaftung Burian von Schlicks. Argula ist außer sich und sucht Hilfe beim bayerischen Herzog Wilhelm. Verzweifelt schildert sie ihm die Situation: Ihre Ehe sei doch rechtens, das hätten auch Prager Gerichte festgestellt. Der Herzog möge es doch bitte ihrem Bruder Bernhardin ermöglichen, in Prag für sie ein Wort einzulegen. Die Angelegenheit hat neben ehrabschneidenden auch finanzielle Konsequenzen. Die Gerichtskosten steigen. Die vom dunklen Stern überschattete Ehe währt nur kurz: 1535, nur zwei Jahre nach der Hochzeit, stirbt Burian von Schlick. Argula wird zum zweiten Mal Witwe.

„*Vier Kindlein, von Gott versorgt*"

Meine vier Kindlein wird Gott wohl versorgen und sie speisen mit den Vögeln in der Luft, auch bekleiden mit den Blümlein des Feldes. Er hat's gesagt, er kann nicht lügen. Wahrscheinlich wird Argula oft an diesen Satz gedacht haben, den sie 1524 in ihrem Brief an Adam von Thering formuliert. Inzwischen sind die Kinder nahezu erwachsen und aus dem Gröbsten heraus. Dennoch hat Argula oft Grund zu Sorgen.

Georg

Georg war seinen schwierigen Weg weitergegangen, hatte sich 1529 an der Universität Wittenberg eingeschrieben. Argula hatte ihn im Hause Melanchthons unterbringen können, auch Martin Luther und dessen Frau Katharina von Bora war er wohlbekannt. Die Voraussetzungen sind bestens. Doch Georg kommt nicht zur Ruhe. Sein Herz pocht mehr für das pralle Leben als für die Welt des Geistes. So eindeutig, dass er 1531 die Studierstube gegen das Schlachtfeld eintauschen will: Er möchte Soldat im kaiserlichen Heer werden. Euphorisch macht er sich Gedanken, wie er sich eine Rüstung besorgen könnte. Aus unbekanntem Grund scheitern seine Pläne. Vielleicht ist es eine innere Verpflichtung seiner Mutter gegenüber, die ihn dazu bewegt, zurückzukehren nach Lenting und ihr dort bei der Bewirtschaftung der Ländereien zu helfen. Bald weitet sich sein Aufgabengebiet aus, auch der Besitz in Burggrumbach und in Zeilitzheim fällt in seinen Verantwortungsbereich. Georg genießt einiges Ansehen, verfügt über beschränkte Macht, besitzt ein Pferd. Dennoch ist er unzufrieden. In vielen Briefen an seine Mutter macht er seinem Unwohlsein Luft. Er fühlt sich unterfordert und unwohl inmitten der eher einfach gestrickten fränkischen Bevölkerung. Über einen Nürnberger Kneipenwirt bekommt Argula mit, dass ihr Sohn bisweilen die Sorgen im Alkohol zu ertränken versucht.

1532 will er nach Wittenberg zurückkehren und sein Studium beenden. Doch er kommt nicht an. Auf dem Weg gerät er in ein Gefecht, in dem er ziemlich schwer verletzt wird. Ein Leipziger Kaufmann, der Argula aus seinen Würzburger Zeiten kennt, nimmt sich seiner an und schildert der Mutter die Lage: Georg habe in seiner Tür gestanden, „eine Hand war fast abgetrennt". Nun soll Argula Geld für die Arztbehandlung schicken. Schulden und Alkohol begleiten Georg weiter. 1535 lebt er verschuldet in Ingolstadt – schreibt Rektor Leonhard von Eck an Argula. Im Jahr 1539 stirbt Georg in Leipzig.

Hans-Jörg

Auch die Erziehung ihres zweiten Sohnes Hans-Jörg wollte nicht so gelingen, wie Argula es sich gedacht hatte. Lehrer Hans Althamer in Ansbach galt zwar als renommierter Pädagoge, doch zu seinen Methoden gehörte auch die körperliche Züchtigung. Hans-Jörgs Seele rebellierte; 1531 ist er heilfroh, dass er einen Verwandten im fernen Friesland besuchen darf. Zurück in Ansbach, beginnt die Tortur erneut.

In seinem Eigensinn ist Hans-Jörg seinem Bruder Georg offensichtlich ebenbürtig. Auch strapaziert er die mütterliche Geduld in ähnlicher Weise. Was genau in Burggrumbach geschehen war, lässt sich nicht eruieren, bekannt ist allerdings ein Brief Argulas, den sie ihrem Sohn Hans-Jörg am Ostertag 1538 in Lenting schreibt. *Mit großem Erschrecken* habe sie etwas *vernommen*, meint sie und redet ihrem Sohn ins Gewissen: *Ich habe mich sehr darum bekümmert und noch klage ich es Gott, dass ich so ungehorsame Kinder geboren, getragen und an meiner Brust ernährt und mit großer Sorge, Kosten und Angst aufgezogen habe. Gott wolle, dass Du bekehrt und Dich fortan besserst, Amen. Da Du mir aber jetzt schreibst und bittest, Dir zu verzeihen und Dich erbietest, Du wollest Dich künftig gehorsam verhalten, will ich Dir noch diesmal verzeihen. Darum komm sofort heim – aber nicht ohne vorher in Nürnberg das Sakrament zu nehmen, zu Doktor Osiander zu gehen und ihm Dein Anliegen ehrlich zu schildern. Er wird Dir und Deinem Gewissen einen Rat geben. Er weiß bereits von der Sache und hüte Dich, jemand anderem davon zu erzählen, vertraue niemandem und halt es geheim! Wenn du dann das Sakrament empfangen hast, lass es Dir von Osiander auf einem Zettel bestätigen, sonst glaube ich Dir nicht. Rechne alles, was Du in Nürnberg verzehrt hast, genau mit dem Wirt ab; den Beleg bring mir mit. Sage Gottfried, dass er fleißig weiter studiere und lerne und nicht in der Stadt oder in Wirtshäusern hin- und herlaufe, damit er sich die Predigten merkt und wahrhaftig, züchtig, getreu und fromm bleibt. Damit sei Gott in seine Gnade befohlen.* Im selben Jahr zieht Hans-Jörg vermutlich schuldbeladen nach Burggrumbach; kurz darauf schickt Argula ihn zu ihrem Bruder Bernhardin auf Schloss Ehrenfels.

1542 endet sein Leben nahe Bruggrumbach auf gewaltsame Weise: Er wird nach einem Wirtshausbesuch erschlagen. Die näheren Umstände sind nicht zu klären; für Argula jedenfalls ist ihr Sohn Opfer von Verbrechern, lange versucht sie als *herzbetrübte Mutter* den Täter dingfest zu machen und vor Gericht zu bringen.

Apollonia

Natürlich: Auch ihrer Tochter will Argula die bestmögliche Bildung mit auf den Lebensweg geben. Sie besuchte die Schule in Nürnberg. 1532 erkrankte sie schwer, Argula musste viel Geld für die Behandlung aufbringen. Danach zieht Apollonia nach Ingolstadt. 1539 ereilt Argula die Hiobsbotschaft: Apollonia ist gestorben, im zarten Alter von 17 Jahren. Begraben wird sie an der Seite ihres Vaters in Lenting.

Gottfried

Auch Gottfried lernte in Nürnberg das Leben. Sehr bemüht, den Wünschen und Anforderungen seiner Mutter zu genügen. Ein reicher Briefwechsel ist dokumentiert. Auch über große Entfernung: Denn Gottfried war gen Norden gezogen und diente nun in der pommerschen Ostseestadt Wolgast am Hofe des dortigen Herzogs. Ihm fehlt es an Geld, so schreibt er herzerweichende Bittbriefe an Argula. 1544, nach dem Tode Hans-Jörgs, kehrt er zurück und hilft seiner Mutter bei der Verwaltung der Ländereien in Lenting. Doch mit Wirtshauseskapaden schafft er immer wieder auch Unruhe.

Die letzten Jahre

Argula ist alt geworden; zudem plagt sie eine schwere Krankheit, die sie wochenlang ins Bett zwingt. Noch immer schweben Geldprobleme wie ein Damoklesschwert über den Ländereien. Die Trauer ist übergroß: Ihre Söhne Georg und Hans-Jörg sind gestorben, auch ihre Tochter Apollonia. Argula vermisst auch ihren Bruder Bernhardin, der im November 1542 das Zeitliche gesegnet hatte. Bei aller Unterschiedlichkeit im Wesen und Temperament verliert Argula mit ihm einen

Mitstreiter in Glaubensdingen. Konsequent hatte er dafür gesorgt, dass in seinem Einflussbereich lutherische Prediger zu Wort kamen – sogar beim Regensburger Reichstag 1541. Große Mühe kosten Argula auch die Prozesse, die sie wegen unterschiedlicher Rechtsstreitigkeiten führen muss.

In diese schwierige Zeit hinein kommt im Februar 1546 die traurige Nachricht, dass ihr Seelenfreund Martin Luther gestorben ist. Im Sommer wütet der Krieg: Kaiser Karl V. will endlich aufräumen mit den Protestanten, zieht riesige Truppen in Donauwörth und Ingolstadt zusammen, um die im Schmalkaldischen Bund zusammengeschlossenen Protestanten endlich in ihre Schranken zu verweisen. Die eigentlich doch geistlichen Anliegen der Reformatoren münden in blutige Kämpfe.

Pfarrhof der Zeilitzheimer evangelischen Kirche St. Sigismund.

Argula wird über all diese Entwicklungen informiert gewesen sein; wie weit sie sie innerlich bewegen, lässt sich schwer belegen. Relativ sicher ist, dass sie ihre letzten Lebensjahre in Zeilitzheim verbringt.

Über ihren Sterbeort gibt es unterschiedliche Theorien. Die eine besagt, Argula sei um das Jahr 1568 herum in Köfering verstorben. Diese Spur gründet sich auf einem Briefwechsel zwischen dem bayerischen Herzog und den Münchner Räten aus dem August 1563. Da wird über „ein altes unverständiges Weib" berichtet, eine Staufferin, die die „einfältigen, unverständigen Untertanen in Köfering und in anderen Orten böslich verführt und zum Abfall gebracht und zum Ungehorsam gereizt" habe. Außerdem habe sie „sektiererische und unserer alten katholischen Religion widerwärtige und verführerische Bücher vorlesen lassen", die Menschen von christlichen Gottesdiensten abgehalten und stattdessen in ihre „sektiererische Winkelschule" gelockt. Diese „Staufferin" sei früher bereits wegen ähnlicher Vergehen angezeigt worden, es sei aber bei einer Vermahnung geblieben. Historiker vermuten jedoch: Bei dieser „alten Staufferin" handelt es sich um Anna von Schlick, die ebenfalls evangelisch auftretende Witwe von Argulas Bruder Gramaflanz.

Argula starb wahrscheinlich früher in Zeilitzheim, am Ort ihres letzten Wirkens. Eine relativ gute Quelle stammt aus dem Jahr 1586; sie berichtet vom Tod einer Frau von Grumbach im Jahr 1554. Ein Grabstein ist nicht vorhanden.

Knapp 500 Jahre später

Argula von Grumbach: die erste moderne evangelische Kirchenfrau? Erst in den letzten Jahren erwacht größeres Interesse an Werk und Leben der bayerischen Reformatorin. In der Kirche engagierte Frauen sehen in ihr eine Wegbereiterin: So mutig und couragiert, wie sie den theologischen Autoritäten ihrer Zeit gegenüber getreten ist, könnten doch auch heutige christliche Frauen auftreten!

Seltsam eigentlich, dass knapp 500 Jahre nach dem öffentlichen Wirken Argulas noch immer solche Ermutigungen nötig sind. Dauert es wirklich so lange, bis sich die Erkenntnis in der evangelischen Christenheit durchsetzt: Es gibt gute und theologisch verantwortliche Gründe dafür, den Apostel Paulus in einer Sache nicht für voll zu nehmen? Frauen haben nicht zu schweigen in der Gemeinde, sondern sind den Männern absolut gleichberechtigt, auch und erst recht in geistlicher Hinsicht! Denn alle sind getauft auf den Namen Jesu Christi, „da ist nicht Mann noch Frau"!

Ja, es dauert so lange – und noch länger. Der Geschlechterkampf tobt noch immer in den Kirchen. In der römisch-katholischen sehr sichtbar schon dadurch, dass Frauen weder zum Priesteramt noch zum Diakonat zugelassen sind. In der evangelischen Kirche ist die Situation subtiler. Hier sind fast überall Frauen zugelassen, auch in hohen Ämtern. Gerade das ruft in regelmäßigem Abstand Ängste bei den Männern hervor. Zuletzt haben sie sich unter dem originellen Begriff „Sopranisierung" geäußert. Was bedeutet: Die Frauen würden immer lauter in der Kirche. So laut, dass die Frauenstimmen die Bässe und Tenöre übertönen könnten. Im Schlagwort der Sopranisierung schwingt Abwertendes mit. Zum einen klingen Sopranstimmen, wenn sie nicht ganz rein oder jung sind, oft unangenehm kreischend. Und zum zweiten: Nur mit Hilfe sehr kruder Methoden können Männer dieses weibliche Stimmenterrain erobern. Mit der Kastration wurde jahrhundertelang versucht, Knabenstimmen vor dem Stimmbruch zu bewahren und in sopranine Höhen zu treiben. Die Sopranstimme ist also ein reines Frauenrefugium. Eines, das Männern verwehrt bleibt. Oder das nur um den Preis des Verlusts der Männlichkeit zu erobern ist.

Der Kirche drohe die Verweiblichung, meinen ansonsten ernst zu nehmende Theologen. Besonders deutlich im Pfarramt. Immer mehr Frauen würden Pfarrerinnen, stellte schon vor einigen Jahren der Münchener Theologieprofessor Friedrich-Wilhelm Graf fest, und zeigt sich alarmiert. Denn das habe zur Folge, dass nicht mehr theologisches Wissen, sondern „schlichte" Gedanken und die Vorstellung eines Kuschelgottes die Oberhand gewännen. Viele kirchenleitende Männer teilen diese Einschätzung. Ihnen ging der Aufstieg der Frauen in der Kirche in den letzten 50 Jahren offensichtlich zu rasant vonstatten. 1958 wurde innerhalb der evangelischen Landeskirchen in Deutschland zum ersten Mal eine Frau zur Pfarrerin ordiniert – in Bayern erst 1975; 1991 zog mit der kleinen Lippischen Kirche bei Detmold die letzte evangelische Landeskirche in Deutschland nach. Als absolut gleichberechtigt wurden Pfarrerinnen in der Bayerischen Landeskirche erst 1998 akzeptiert. Da wurde nämlich der sogenannte „Platzhirschparagraph" abgeschafft. Mit ihm konnten sich Pfarrer weigern, mit „weiblichen Kollegen" in der gleichen Gemeinde zusammenzuarbeiten. Seitdem sind Frauen den Männern im Pfarramt vollkommen gleichgestellt. Überall? Nein, in der Bremischen Evangelischen Kirche gibt es noch Pastoren, die ihre Kanzel wehrhaft gegen Pastorinnen verteidigen. Ganz zu schweigen von der fundamentalistischen Spielart des evangelischen Glaubens. Dort herrscht in großen Teilen noch immer Kanzelverbot für Frauen.

Die Ängste der Männer sind auch von der Statistik her nicht nachvollziehbar. Nur ein Drittel der Pfarrstellen in evangelischen Landeskirchen ist durch Frauen besetzt – und von ihnen wiederum arbeiten zwei Drittel in Teilzeit. Je höher die Ämter, desto dünner wird der Frauenanteil. In den 20 Landeskirchen in Deutschland gibt es im Jahr 2014 nur zwei Bischöfinnen, das sind gerade mal zehn Prozent. Auf der zweiten Ebene der Hierarchie, den Regionalbischofsämtern, steigt die Quote leicht an. Ganz anders hingegen sieht es an der Basis der Kirche aus. Dort, wo es nicht um Ämter geht, sondern um das Anpacken jenseits der Hierarchie, ehrenamtlich oder hauptberuflich. Da könnte man meinen, die evangelische Kirche sei fest in Frauenhand. 215 000 Frauenkreise gibt es – aber nur 37 000 Männergruppen. 70 Prozent aller Mitarbeiterinnen und Mitarbeiter in Kirche und Diakonie sind Frauen. Auch in den Kirchenvorständen sind bundesweit die Frauen in der Überzahl.

Ein eindeutiger Befund: Die evangelische Kirche ist weiblich. Frauen pflegen Kranke und Bedürftige, Frauen arbeiten in Kindergärten, sie managen Bahnhofsmissionen, Gemeindesekretariate und Gemeindegruppen. Doch die Machtpositionen vom Pfarramt an bis in die Universitätstheologie sind nach wie vor überwiegend in Männerhand.

Ja, die Ermutigungen Argula von Grumbachs sind immer noch nötig. Nicht nur, weil sie als Frau den Männern ihrer Zeit auf die Finger geklopft hat. Auch weil sie als theologische Laiin die Gelehrten zum Dialog herausgefordert hat. Glaube ist keine akademische Angelegenheit. Stets lauert die Gefahr, dass sich die Schriftgelehrten und Kirchenverwalter in ihre Universitäten und Ämter zurückziehen und den Kontakt zum Volk verlieren. Argula, die fromme Kirchenfrau „von unten", hat zwei Grenzen durchbrochen. Als Frau drang sie in die Männerwelt ein, als Nichtstudierte in die Akademikerwelt. Möge Argula auch heute Frauen ermutigen, in diese beiden Welten vorzudringen – beharrlich, mutig und, wenn nötig, auch mit reinen oder schrillen Sopranstimmen.

Lebensdaten

1492	Argula von Stauff wird geboren, wahrscheinlich auf Burg Ehrenfels in Beratzhausen.
1502	Vater Bernhardin schenkt ihr die Koberger Bibel.
1507 – 1510	Als Hofdame bei Erzherzogin Kunigunde am Herzogshof in München.
1509	Ihre Eltern sterben binnen fünf Tagen an der Pest.
1510	Argula heiratet den begüterten Friedrich von Grumbach. Beide ziehen auf dessen Familiengut nach Lenting.
1513	Sohn Georg wird geboren.
1515	Friedrich von Grumbach wird Pfleger in Dietfurt und Altmannstein. Umzug.
1516	Argulas Onkel Hieronymus von Stauff wird in Ingolstadt als Hochverräter enthauptet.
1521	Die lutherische Reformation wird im Stauffergebiet eingeführt. Im Jahr darauf wird Leopold Moser von Argulas Bruder Bernhardin II. als evangelischer Prediger in Beratzhausen eingesetzt.
1522	Argula nimmt Kontakt zu Reformatoren auf. Martin Luther erfährt von ihr und widmet ihr ein Gebetbüchlein.
1522	Tochter Appollonia wird geboren.
1523	
7. September:	Der Student Arsacius Seehofer soll an der Universität Ingolstadt 17 ketzerische Artikel widerrufen.
20. September:	Argula von Grumbach schreibt Protestbriefe aus Dietfurt an die Universität Ingolstadt und an Herzog Wilhelm von Bayern.
28. Oktober:	Brief aus Burggrumbach an den Rat der Stadt Ingolstadt.

30. November:	Argula von Grumbach nimmt im Vorfeld des Reichstages an einem Bankett in Nürnberg teil.
1. Dezember	Briefe an Kurfürst Friedrich den Weisen von Sachsen und an Pfalzgraf Johann II. von Pfalz-Simmern.
Dezember:	Flugschrift an ihren Onkel Adam von Thering.
1524	24. Juni: Brief an den Rat der Stadt Regensburg.
	Ihr Mann Friedrich verliert seine Stelle als Pfleger von Dietfurt; Argula zieht nach Lenting und Burggrumbach.
Frühsommer:	Der Student „Johannes von Landshut" schreibt ein anonymes Spottgedicht gegen Argula von Grumbach.
Herbst:	Argula von Grumbachs Antwort erscheint, ebenfalls in Reimform.
1529	Friedrich von Grumbach stirbt in Lenting.
1530	2. Juni: Argula von Grumbach besucht Martin Luther in Coburg. Danach fährt sie zum Reichstag nach Augsburg.
1533	Heirat mit Graf Burian von Schlick aus Böhmen. Prag-Reise.
1535	Ihr zweiter Ehemann Graf von Schlick stirbt.
1539	Tochter Apollonia stirbt in Lenting und wird dort begraben.
1539	Sohn Georg stirbt.
1542	Bruder Bernhardin stirbt.
1543	Sohn Hans-Jörg wird erschlagen.
1554	Argula von Grumbach stirbt in Zeilitzheim.

Literatur

Argula von Grumbach

Matheson, Peter (Hg.): **Argula von Grumbach.** Schriften. Quellen und Forschungen zur Reformationsgeschichte Band 83, Gütersloh 2010. *Sehr sorgsame Edition des neuseeländischen Kirchenhistorikers und Argula-Kenners; jede Schrift ist ausführlich biografisch, historisch und druckgeschichtlich eingeleitet. Die wertige Aufmachung in Leinen macht das Buch zu einem bibliophilen Schmuckstück.*

Halbach, Silke: **Argula von Grumbach als Verfasserin reformatorischer Flugschriften.** Europäische Hochschulschriften Reihe XXIII Theologie, Bd. 468, Frankfurt (Main) – Berlin – New York – Paris – Wien 1992. *Erste wissenschaftliche Biografie über Argula von Grumbach. Faktenreich und sachlich geschrieben auf dem Stand von 1992.*

Matheson, Peter: **Argula von Grumbach,** Göttingen 2014. *Die begeisterte Ernsthaftigkeit und Leichtigkeit, mit der sich der Kirchengeschichtler Argula von Grumbach nähert, besticht. Matheson schreibt flüssig, hat in mühevoller Kleinarbeit Daten und Orte neu recherchiert. Auf etliche Jahre wird diese Biografie Standardwerk bleiben.*

Bainton, Roland H.: **Argula von Grumbach,** in: ders.: Frauen der Reformation. Von Katharina von Bora bis Anna Zwingli, Gütersloh 1996, S. 103 – 119. *Interessanter biografischer Beitrag, formuliert mit der geistigen Weite und Unterhaltsamkeit, mit der nur angelsächsische Gelehrte schreiben.*

Heinsius, Maria: **Argula von Grumbach,** in: dies.: **Das unüberwindliche Wort.** Frauen der Reformationszeit, München 1951. *Wundervoll unaufgeregtes, aufgeklärtes Buch über die Frauen in der Reformationszeit. Maria Heinsius war die erste Kirchengeschichtlerin, die sich dem Thema so ausführlich gewidmet hat. Die Sprache ist ein Relikt der 50er-Jahre – und zeigt die Leidenschaft, die damals noch die Theologie beherrschte.*

Riedel, Thomas: **Die streitbare Argula von Grumbach – Eine geborene von Stauff zu Ehrenfels,** in: Riedl-Valder, Christins (Hg.): **750 Jahre Burg Ehrenfels in Beratzhausen.** Schriftenreihe des Marktes Beratzhausen Band 8, Kallmünz 2012, S. 89. *Lesenswerter Beitrag des ehemaligen Pfarrers von Beratzhausen, der viele Jahre Argulas Biografie erforscht hat.*

Weitere Themen

Endres, Rudolf: **Ritterschaftlicher Adel und reichsgräfliche Geschlechter in Franken,** in: Müller, Gerhard u.a. (Hg.): **Handbuch der Geschichte der evangelischen Kirche in Bayern,** Band I, S. 253 – 257

Schwarz, Reinhard: **Herzogtum Bayern,** in: Müller, Gerhard u.a. (Hg.): **Handbuch der Geschichte der evangelischen Kirche in Bayern,** Band I, S. 305–312. *Die für das Leben von Argula von Grumbach wichtigen Beiträge aus dem Standardwerk der evangelischen Kirchengeschichte Bayerns. Das Nachfolgeprojekt wird ihr hoffentlich mehr Platz einräumen.*

Erasmus von Rotterdam: **Vertrauliche Gespräche**, Zürich 2000. *Hierin findet sich der köstliche Dialog einer gebildeten Dame mit einem ungehobelten Mönch, zu dem Erasmus möglicherweise von Argula inspiriert wurde (vgl. Kapitel 4).*

Eyb, Albrecht von: **Das Ehebüchlein nach dem Inkunabeldruck der Offizin Anton Kobergers,** Nürnberg 1472, ins Neuhochdeutsche übertragen und eingeleitet von Hiram Kümper, Stuttgart 2008. *Dieses Ehebüchlein war damals ein Bestseller; es ist gut möglich, dass Argula und Friedrich von Grumbach es kannten und die enthaltenen Ideen zum Eheleben bedenkenswert hielten.*

Kaufmann, Thomas: **Geschichte der Reformation**, Göttingen 2011. *Gut lesbarer Überblick über die Vorgänge und Verflechtungen der Reformationszeit.*

King, Margaret L.: **Die Frau**, in: Garin, Eugenio (Hg.): **Der Mensch der Renaissance**, Frankfurt/Main 1990/Essen 2004, S. 282 – 340. *Sehr informativer Beitrag über die Situation von Frauen in der Renaissancezeit.*

Theodor Kolde: **Arsacius Seehofer und Argula von Grumbach.** Beiträge zur bayerischen Kirchengeschichte, Erlangen 1905. *Alte, aber umfassende Darstellung der Vorgänge um den vermeintlich ketzerischen Studenten Arsacius Seehofer.*

Leitner, Thea: **Blutige Mitgift. Kunigunde,** in: dies.: **Habsburgs verkaufte Töchter,** München 1994, S. 9 – 56. *Leitner zeichnet Leben und Gemütszustand der österreichischen Herzogin Kunigunde nach, der Ziehmutter Argulas.*

Mahlmann-Bauer, Barbara: **„Gender" – eine Kategorie bei der Analyse theologischer Streitschriften für Frauen,** in: Jürgens, Henning P./Weller, Thomas: **Streitkultur und Öffentlichkeit im konfessionellen Zeitalter,** Göttingen 2014, S. 179 – 214. *Außergewöhnlicher Zugang aus feministisch-germanistischer Sicht, der dafür plädiert, das Weibliche in Leben und Werk Argulas (und anderer Frauen der Reformationszeit) ernster zu nehmen.*

Internet

Argula von Grumbach-Stiftung

http://www.bayern-evangelisch.de/www/engagiert/argula-von-grumbach-stiftung.php

Die Stiftung der Ev.-luth. Landeskirche in Bayern fördert die Gleichstellung von Mann und Frau in der Evangelisch-Lutherischen Kirche in Bayern. Sie will die Auseinandersetzung mit Geschlechterfragen im gesellschaftlichen und kirchlichen Kontext unterstützen. Die Stiftung dient insbesondere der Ausschreibung und Verleihung des Argula-von-Grumbach-Preises, dem Gleichstellungsförderpreis der Evangelisch-Lutherischen-Kirche in Bayern.

Argula von Grumbach

http://www.argula-von-grumbach.de
Informationen über Argula von Grumbach, zusammengestellt von Uwe Birnstein.

Frauen und Reformation

http://www.frauen-und-reformation.de
Sehr übersichtliche und informative Website zu den in der Reformationszeit engagierten Frauen.

Nachklang
Louise Otto-Peters: Argula von Grumbach

Die Schriftstellerin Louise Otto-Peters (1819 – 1895) gehörte zu den Begründerinnen der bürgerlichen deutschen Frauenbewegung. Immer wieder rief sie die Verantwortlichen in der Politik dazu auf, Frauen in gesellschaftlichen Entscheidungsgremien einzubeziehen. Angesichts ihres unermüdlichen Einsatzes für Frauenrechte sahen sich die kaiserlichen Zensurbehörden Preußens gar dazu gezwungen, das Pressegesetz zu ändern und Frauen die Herausgabe von Zeitschriften zu verbieten. In Argula von Grumbach entdeckte Louise Otto-Peters eine kämpferische Seelenschwester. Deren Wirken für die Frauensache lobte sie in einem Gedicht, das jenseits des zeitgeschichtlich bedingten Pathos ihre tiefe Verehrung für die bayerische Reformatorin zeigt.

Argula hat des Lebens Glück genossen –
Die Liebe führte sie zum Traualtar,
Froh ward das heilig feste Band geschlossen,
Das „Ja" entquoll der Lippe frei und wahr,
Und treu vereint dem liebenden Gefährten
Ward ihr des Weibes schönstes Los auf Erden!

Doch lange nicht – in edler Liebe Feier,
Nur wenig Jahre waren hingerauscht,
Da hat ihr junges Haupt den Wittwenschleier
Nur zu schnell für den Brautkranz eingetauscht!
Die blühnden Kinder wiegt als vaterlose
Die Trauernde auf ihrem Mutterschoße.

Im tiefen Schmerze möchte sie vergehen,
Sich flüchten aus dem öden Weltgewühl,
Durch Thränenflöre nur zum Himmel sehen
Zum Gatten auf im sehnenden Gefühl –
Doch ihre Kinder mahnen sie ans Leben,
Sie muß als Mutter, Vater für sie streben.

So sei das heil'ge Erbe angetreten!
Sie weiht sich ganz des Lebens ernster Pflicht,
Recht Handeln gilt ihr mehr als weinend Beten,
Und mehr als Dulden, Streben nach dem Licht;
Die Mutterpflicht gibt ihr den Mut, die Stärke,
Ihr Teil zu fordern an dem Fortschrittswerke.

Dem Fortschrittswerke, das der Mönch begonnen,
Der kühne Luther, durch den Kampf mit Rom.
Auch ihr war ja die Bibel längst der Bronnen,
Aus dem sie schöpfte der Begeistrung Strom,
Die Kraft auf seine Seite sich zu stellen,
Mit solchem Licht die Menschheit zu erhellen.

Um ihrer Kinder, um der Menschheit willen
Tritt Argula aus ihrem Fraungemach
Hinaus ins Leben, so den Drang zu stillen
Der auch in ihr von Licht und Freiheit sprach;
Vor Luther selbst weiht sie sich seiner Sache
Und hält für ihn, für Glaubensfreiheit Wache.

Sie sucht die Welt, nicht nur ein Stück vom Himmel
Ihr Horizont ist unbegrenzt und weit.
Sie dient dem Ew'gen in der Welt Getümmel,
Sie dient mit freiem Geiste ihrer Zeit.
Sie fürchtet nicht, daß was im Innern blühe
In Sonn' und Sturm und frischer Luft verglühe.

Sie sucht nicht im Gebet in Klostermauern
Des Gottes gnadenreiche Gegenwart;
Ihr hat er sich in gleichen Ahnungsschauern
Im Tempel der Natur geoffenbart;
So dient sie ihm, bis auf des Todes Winken
Die treuen Hände segnend niedersinken.

Louise Otto: Mein Lebensgang.
Gedichte aus fünf Jahrzehnten, Leipzig 1893

REISEFÜHRER –
AUF DEN SPUREN
ARGULA VON GRUMBACHS

Allgemeine Informationen

Die Spuren Argula von Grumbachs sind weit verteilt in Bayern. Vom oberbayerischen München im Süden bis zum unterfränkischen Burggrumbach im Norden sind es 280 Kilometer. Folgende Orte umfasst die komplette Argula-Tour:

Beratzhausen – München – Dietfurt – Lenting – Burggrumbach – Nürnberg – Ingolstadt – Regensburg – Köfering – Coburg – Augsburg – Zeilitzheim – Hausham

Wer alle Orte in einer Tour abfahren will, sollte mit dem Auto fünf Tage einplanen, mit dem Fahrrad je nach Kondition etwa doppelt so lang. Dabei können die langen Strecken im Regionalzug mit Fahrradmitnahme zurückgelegt werden.

Die Berechnung von Auto- und Fahrradstrecken mit aktuellen Verkehrshinweisen ist im Internet und per App möglich über www.bayerninfo.de.

Jede der folgenden Touren eignet sich mit dem Auto auch für ein Wochenende.

Vorschläge für Touren

Tour 1:

Zwischen Herzogshof und Reichstag

München – Augsburg (68 km)
München – Hausham (50 km)

Sehr gut mit öffentlichen Verkehrsmitteln zu bewältigen. Mit dem Fahrrad leicht hügelige Wege. Zur Besichtigung der Städte sollten Sie je einen Tag einplanen; es bietet sich an, am Sonntagvormittag den Gottesdienst in der Argula-Kirche zu besuchen.

Tour 2

Arsacius' Leid und und Friedrichs Grab

Nürnberg – Ingolstadt (95 km)
Ingolstadt – Lenting (7 km)

Neben den Stadtbesichtigungen von Nürnberg und Ingolstadt nimmt der Besuch im dortigen Stadtmuseum Zeit in Anspruch. Zu Fuß von Ingolstadt nach Lenting dauert es ca. anderthalb Stunden; auch hier empfiehlt sich ein Besuch am Sonntag in der Kirche, in der ein Grabstein von den Grumbachs erzählt.

◇◇

Tour 3

Heimat

Regensburg – Köfering (15 km)
Regensburg – Beratzhausen (26 km)
Beratzhausen – Dietfurt (20 km)

Höhepunkte aus Argulas Leben in der oberpfälzischen Naturidylle:
Der idyllische Geburtsort Argulas und das romantische Dietfurt; dazu
das an mittelalterlichen Bauten reiche Regensburg.

Tour 4

Luther und die letzten Jahre

Coburg – Burggrumbach (99 km)
Burggrumbach – Zeilitzheim (25 km)

Wer in der Lutherstube der Veste Coburg im Erker sitzt, fühlt sich wie
Luther und Argula am 2. Juni 1530. Die Burgreste in Burggrumbach
versetzen ebenfalls in die Zeit Argulas zurück; der verschlafene Marktplatz von Zeilitzheim unterscheidet sich wahrscheinlich nicht arg vom
damaligen Zustand. Eine Nacht im „Argula-Zimmer" des wunderschönen Schlosses (das zu Argulas Zeiten noch nicht hier stand) und
ein Besuch in der evangelischen Kirche sind ein angemessenes Ende
der Argula-Tour.

Informationen zu einzelnen Orten

Beratzhausen

Zu Beratzhausen gehört Burg Ehrenfels, jahrhundertelang Sitz der Stauffer. Hier wurde Argula von Stauff im Jahr 1492 geboren; hier verbrachte sie einen Großteil ihrer Kindheit, bis sie als Vierzehnjährige an den Münchener Hof geschickt wurde.

Einwohner: 5.600
Lage: Im Oberpfälzer Landkreis Regensburg 30 km nordwestlich von Regensburg und 60 km südöstlich von Nürnberg gelegen.

www.burgensteige-regensburg.de

 **Anreisemöglichkeit:**

- *Bahn:* Regionalstrecke Neumarkt (Oberpfalz) – Regensburg
- *Auto:* A 3, Ausfahrt Beratzhausen
- *Fahrrad:* In der Nähe des Naabtal-Radwegs
- *Wanderweg:* Burgensteig im Tal der Schwarzen Laber

 Sehenswürdigkeit aus Argulas Zeit:

Schlossruine Burg Ehrenfels
In Beratzhausen rechts entlang der Bahnlinie Richtung Parsberg. Kurz nach dem Ortsende liegt die Ruine links jenseits der Bahnlinie auf einem Hügel. Der Weg führt über eine im Winter als Rodelbahn benutzte Wiese. Auf halber Höhe des Berges nimmt

Unbedingt ansehen:
- Argula-Denkmal vor der evangelischen Erlöserkirche, Staufferstraße 25.
- Apfel, Bibel und Natur. Biblische Obstwanderungen mit 14 Stationen auf 7 Kilometern.
- Abenteuerwanderung mit 2 Mönchen, Bibelzitaten und „obstkundigen Weisheiten"
- Infos auf www.beratzhausen.com, Menüpunkt Tourismus/Wanderungen

man den Weg, der parallel zum Waldrand verläuft, und folgt ihm nach links. Dann rechts halten, der Weg führt in einem Bogen hinauf zum buchenbewachsenen Bergplateau. Erkennbar sind das eindrucksvolle Grabensystem – teilweise bis zu sechs Meter tief –, die Ruinen der Mauertürme und die überwucherten Fundamente der Burg.

Grabstelle von Argulas Großvater Hans
an der Westwand der Pfarrkirche St. Peter und Paul. Die Grabplatte stammt vom Dombaumeister Roritzer.

Restaurant:

Gasthaus Friesenmühle
Friesenmühle 1
93176 Beratzhausen
Telefon: 0 94 93/7 35
www.friesenmuehle.de

☞ Die Mühle existierte schon im 11. Jahrhundert, also auch zu Argulas Lebzeiten.

Unterkunft:

Romantik Hotel Hirschen
92331 Parsberg
Telefon: 0 94 92/60 60
www.hirschenhotels.com

Rekonstruktionsversuch der Burg Ehrenfels im Jahr 1550.

Kirchen:

Evangelisch:
Erlöserkirche Beratzhausen
Staufferstraße 25
93176 Beratzhausen
www.hemau-evangelisch.de

Katholisch:
Pfarrkirche St. Peter und Paul
Marktstraße 26
93176 Beratzhausen

Wallfahrtskirche Maria-Hilf
Kreuzweg 15
93176 Beratzhausen

 Informationen:

Tourist-Informationsstelle im Rathaus
Marktstraße 33
93176 Beratzhausen
Telefon: 0 94 93/94 00-19

 Buchtipp:

750 Jahre Burg Ehrenfels in Beratzhausen, Kallmünz 2012

Statue der Argula von Grumbach, geschaffen von dem rumänischen Künstler Mihai Buculei.

München

- Hier lebte Argula von Stauff von 1506 bis 1510 als Kammerzofe bei der aus Österreich stammenden Herzogin Kunigunde. 1509 erfuhr sie hier vom Tod ihrer Eltern, lernte kurz darauf Friedrich von Grumbach kennen und zog mit ihm nach Dietfurt.

- 1523 adressierte sie einen Brief an den bayerischen Herzog Wilhelm IV., in dem sie ihn an seine besondere Verantwortung für die Verbreitung des wahren Glaubens erinnert.

- Argulas Sohn Georg lebte hier 1519 bis 1523 am Hof Wilhelms.

- Das Geburtshaus Arsacius Seehofers befand sich wahrscheinlich in der Nähe des Rindermarktes.

 **Anreisemöglichkeit:**

- *Bahn:* ICE, Regionalzüge
- *Auto:* Autobahnen 8, 9, 94, 95, 96
- *Fahrrad:* Isar-Radweg, Ammersee-Radweg, Mangfall-Radweg, Panoramaweg Isar-Inn

Einwohner: 1,45 Millionen
Lage: im Süden Bayerns

 Sehenswürdigkeiten aus Argulas Zeit:

Die Neue Veste, in der Argula als Hofdame bei Kunigunde lebte, existiert nicht mehr. Sie war ein gotisches Wasserschloss, nur über eine Brücke zu betreten. Sie wurde überbaut von der Residenz, die bis heute zu besichtigen ist. Unter dem dortigen Apothekenhof befinden sich noch die Kellergewölbe und Grundmauern der ehemaligen Neuen Veste. Ihre Position ist durch rote Steine im Pflaster des Hofes markiert.

Münchener Residenz
Residenzstraße 1
80333 München
Telefon: 0 89/2 90 67-1
www.residenz-muenchen.de

Frauenkirche
Der Dom Zu Unserer Lieben Frau wurde 1494 eingeweiht; 1525 durch das Aufsetzen der charakteristischen Türme vollendet. Gut möglich, dass Argula von Grumbach hier einen Gottesdienst besuchte.

Isartor

Um 1300 errichtete Tor- und Wehranlage der Münchener Stadtbefestigung. Hier zogen unter anderem 1491 der römisch-deutsche König Maximilian I. (ein Bruder der bayerischen Herzogin Kunigunde, bei der Argula als Hofdame diente) und 1530 Kaiser Karl V. ein.

 Gasthof:

Gutshof Menterschwaige
Menterschwaigstraße 4
81545 München
Telefon: 0 89/64 07 32
www.menterschwaige.de

☞ An der Isar gelegener Gasthof mit großem Biergarten. Im 15./16. Jahrhundert gehörten der Hof und das Anwesen zum Besitz der Herzöge von Bayern.

 Unterkunft:

Hotel Platzl
Sparkassenstraße 10
80331 München
Telefon: 0 89/2 37 03-0
www.platzl.de

☞ Traditionsreiches Hotel nahe der Residenz; Gaststätte im Gewölbe der 1573 errichteten ehemaligen herzoglichen Mühle.

 **Kirchen:**

 Informationen:

Evangelisch:
Spirituelles Zentrum St. Martin
Arndtstraße 8, Rückgebäude
80469 München
Telefon: 0 89/20 24 42 94
www.stmartin-muenchen.de

Katholisch:
St. Peter
Peterplatz 1
80331 München
www.alterpeter.de

München Tourismus
Sendlinger Straße 1
80331 München
Telefon: 0 89/2 33-9 65 00
www.muenchen.de/tam

 Buchtipp:

Georg Reichlmayr: Geschichte
der Stadt München, Erfurt 2013

Dietfurt

Argula und Friedrich von Grumbach zogen 1516 hierher; er arbeitete als Pfleger, sie stand ihm zur Seite und schrieb 1523/1524 Protestbriefe an die Ingolstädter Universität und andere Empfänger. Das Wohnhaus der Familie existiert leider nicht mehr.

Einwohner: 6.000
Lage: Landkreis Neumarkt in der Oberpfalz. Die Stadt liegt im Altmühltal.

Anreisemöglichkeit:

- *Öffentliche Verkehrsmittel:* Linienbus von Neumarkt/Oberpfalz
- *Auto:* A9, Ausfahrt Dietfurt

- *Fahrrad:* Altmühl-Radweg; Naab-Altmühl-Radweg
- *Wandern:* Altmühlbergweg; Altmühltal-Panoramaweg; Jurasteig im Altmühltal; Labertalweg

 Sehenswürdigkeiten aus Argulas Zeit:

- Rathaus aus dem Jahr 1479
- Gemeindesaal der Friedenskirche nach Argula benannt
- 1444 errichtete Stadtmauer mit Türmen

 Gasthof:

Historischer Gasthof Stirzer
Hauptstraße 45
92345 Dietfurt
Telefon: 0 84 64/86 58
www.stirzer.de

☞ Historischer Gasthof und ehemalige Brauerei, bereits um 1500 erwähnt.

Altstadt Dietfurts

Dietfurt benannte eine Straße nach der berühmten Tochter der Stadt.

 Unterkunft:

Gasthaus zum Schlosswirt
Beilngrieser Str. 14
92345 Dietfurt / OT Töging
Telefon: 0 84 64/6 42 00
www.gasthaus-zum-schlosswirt.de

☞ Historischer Gasthof mit Hotel, errichtet evtl. schon 1532.

 Kirchen:

Evangelisch:
Friedenskirche Dietfurt
Blumenstraße 3
92345 Dietfurt
www.beilngries.ev-dekanat.de/

Katholisch:
Stadtpfarrkirche St. Ägidius
Pfarrgasse
92345 Dietfurt
Ursprünglicher gotischer Bau aus dem 14. Jahrhundert.

 Information:

Tourist-Information Dietfurt
Hauptstraße 26
92345 Dietfurt
Telefon: 0 84 64/64 00-19
www.dietfurt.de

Lenting

Hier befanden sich Ländereien der Grumbach-Familie. Argula lebte hier zweitweise nach ihrer Heirat (1510–1515) und nach dem Wegzug aus Dietfurt (nach 1524) und verwaltete die Landwirtschaft.

Einwohner: 4.700
Lage: Oberbayerischer Landkreis Eichstätt, 5 km nordöstlich von Ingolstadt zwischen Donautal und Frankenalb an der Grenze des Naturparks Altmühltal.

 **Anreisemöglichkeit:**

- *Öffentlich:* Linienbus vom ZOB Ingolstadt
- *Auto:* A9 München–Nürnberg, Anschlussstelle Lenting
- *Fahrrad:* Schambachtalradweg

 Sehenswürdigkeit aus Argulas Zeit:

Grabplatte für Argulas Mann Friedrich von Grumbach und die gemeinsame Tochter Apollonia in der katholischen Pfarrkirche St. Nikolaus (rechts vorne hinter einem Geländer)

 Gasthof:

Brauereigasthof Hofmark
Hofmark 1
85101 Lenting
Telefon: 0 84 56/91 95 53
www.hofmark-brauereigasthof.de

Grabstein Friedrich von Grumbachs und Appollonia von Grumbachs in der Lentinger Kirche.

 Unterkunft:

Hotel Günter
Am Pfannenstiel 18
85101 Lenting
Telefon: 0 84 56/91 39 90
www.hotel-guenter.de

 Kirchen:

Evangelisch:
Evangelisches Gemeinde-
zentrum St. Paulus
Am Schanzl 33
85101 Lenting
www.ingolstadt-sankt-paulus.de

Katholisch:
Katholische Pfarrkirche
St. Nikolaus
Pfarrgasse 13
85101 Lenting
Telefon: 0 84 56/51 24
www.sanktnikolaus-lenting.de

 Informationen:

Gemeinde Lenting
Rathausplatz 1
85101 Lenting
Telefon: 0 84 56/92 95-0
www.lenting.de

Burggrumbach

Stammsitz der Dynastie von Grumbach. Argula besuchte die Burg immer wieder, lebte auch zeitweilig hier nach 1524. In Unterpleichfeld, der Gemeinde, zu der Burggrumbach heute gehört, wurde Argulas Sohn Hans-Jörg 1543 erschlagen.

| Einwohner: | 2.800 (Gemeinde Unterpleichfeld) |
| Lage: | im unterfränkischen Landkreis Würzburg, 10 km nördlich von Würzburg |

 **Anreise-möglichkeit:**

- *Öffentlicher Nahverkehr:* Linienbus von Würzburg
- *Auto:* A 7 Kassel-Würzburg, Anschlussstelle Unterpleichfeld
- *Fahrrad:* Main-Werra-Radweg

 Sehenswürdigkeit aus Argulas Zeit:

Ein Haus und Ruinen des ehemaligen Schlosses sind in der Straße Am Burggraben zu sehen. Der Innenhof ist nicht zugänglich. Durch das trockengelegte Grabenbett lässt sich die Anlage ganz umrunden.

Gasthof:

Gasthof
Zum Goldenen Hirschen
Hauptstraße 2
97294 Unterpleichfeld
Telefon: 0 93 67/9 93 23
www.wuerzburg-hotel.com

 Unterkunft:

Goldener Hirschen
Arnsteiner Straße 1
97222 Gramschatz
Telefon: 0 93 63/17 44
www.goldener-hirschen-gram-
schatz.de

 Kirche:

Katholisch:
Pfarrkirche St. Martin
Burggrumbach
Telefon: 0 93 67/4 71
www.pfarrei-unterpleichfeld-
burggrumbach.de

 Informationen:

Gemeinde Unterpleichfeld
Kirchstraße 14
97294 Unterpleichfeld
Telefon: 0 93 67/90 80-0

Nürnberg

An der Lorenzkirche wirkte der Reformator Andreas Osiander als Pfarrer; hier besuchte Argula von Grumbach ihn und hatte wohl auch Kontakt zum dortigen humanistisch-evangelischen Netzwerk, zu dem u.a. der Maler Albrecht Dürer, der Ratsschreiber Lazarus Spengler und der Meistersinger Hans Sachs gehörten. Argulas Söhne Georg und Hans-Jörg gingen einige Jahre in Nürnberg zur Schule.

Am 30. November 1523 besuchte Argula im Vorfeld des Reichstages die Stadt und nahm an einem Bankett teil, bei dem sie den Pfalzgrafen Johann II. von Sim-

Einwohner: 495.000
Lage: Großstadt in Mittelfranken auf beiden Seiten der Pegnitz

mern kennenlernte, dem sie sofort danach einen Brief schrieb.

 Anreisemöglichkeit:

- *Bahn:* ICE-Strecken München – Würzburg, München – Berlin
- *Auto:* A 3, A 6, A 9, A 73
- *Fahrrad:* Fünf-Flüsse-Radweg, Pegnitz-Radweg

Sehenswürdigkeiten aus Argulas Zeit:

Lorenzkirche

Am Beginn des 14. Jahrhunderts war sie schon eigenständige Gemeinde; ab 1522 wirkte Andreas Osiander als Prediger. 1524 wurde die Reformation in Nürnberg eingeführt; da der Rat der Stadt entschied, dass die Kunstwerke in der Lorenzkirche nicht entfernt werden sollten, sind heute viele vorreformatorische Kunstwerke noch vorhanden, u. a. der Engelsgruß von Veit Stoß (siehe

Die Altstadt Nürnbergs vermittelt noch heute einen Eindruck ihres mittelalterlichen Zustands.

Abbildung links) und das Sakramentshaus von Adam Kraft. www.lorenzkirche.de

Albrecht Dürer Haus

1509 kaufte der Renaissance-Maler Albrecht Dürer das Haus, lebte und arbeitete hier bis zu seinem Tod im Jahr 1528. Heute informiert ein Museum über Leben und Werk Dürers. www.albrecht-duerer-haus.de

St. Klara

1270 wurde mit ihrem Bau begonnen; sie diente dem Klarissenkloster als Gotteshaus. 1574 wurde sie evangelische Kirche, ab 1854 wieder katholisch. Im Turm hinter der Kirche traf sich 1526

die gebildete Ordensschwester Caritas Pirckheimer mit dem Wittenberger Reformator Philipp Melanchthon.

 Gasthof:

Zirbelstube
Friedrich-Overbeck-Straße 1
90455 Nürnberg-Worzeldorf
Telefon: 09 11/99 88 20
www.zirbelstube.com

 Unterkunft:

Hotel Drei Raben
Königstraße 63
90402 Nürnberg
Telefon: 09 11/27 43 80
www.hoteldreiraben.de

Das im 14. Jahrhundert errichtete Heilig-Geist-Spital in Nürnberg.

 Kirchen:

Evangelisch:
Sebalduskirche
90403 Nürnberg
Telefon: 09 11/2 14 25 00
www.sebalduskirche.de

Katholisch:
Frauenkirche
Hauptmarkt 14
90403 Nürnberg
Telefon: 09 11/20 65 60
www.frauenkirche-nuernberg.de

 Informationen:

Congress- und
Tourismus-Zentrale Nürnberg
Frauentorgraben 3/IV
90443 Nürnberg
Telefon: 09 11/23 36-0
ctz-nuernberg.de

 Lese-Tipp:

Martin Schieber: Nürnberg – die
mittelalterliche Stadt, Nürnberg
2009

Ingolstadt

1516 wird auf dem Salzmarkt Argula von Grumbachs Onkel Hieronymus von Stauff als Hochverräter hingerichtet. Argulas Brüder Bernhardin und Marcellus studierten hier zeitweilig. Im Sommer 1523 fand an der „Hohen Schule", der Universität, das Verfahren gegen den lutherisch gesinnten Studenten Arsacius Seehofer statt.

Anreisemöglichkeit:

- **Bahn:** ICE-Strecke München – Nürnberg
- **Auto:** Autobahn A 9, Bahn

- **Fahrrad:** Donauradweg, Donau-Altmühl-Radweg, Schambachtalradweg

 Sehenswürdigkeiten aus Argulas Zeit:

(alle in der Innenstadt)

Unbedingt ansehen:

Stadtmuseum
Auf der Schanz 45
85049 Ingolstadt
Telefon: 08 41/3 05 18 81
www.ingolstadt.de/stadt-museum

Ein Teil der Ausstellung widmet sich der Zeit des Humanismus und der Gegenreformation; hier sind auch Flugschriften Argula von Grumbachs ausgestellt.

Liebfrauenmünster
Grabmal des Luther-Gegen-spielers und Universitäts-professors Dr. Johannes Eck.

Herzogskasten

Imposantes, ältestes nichtkirchliches Gebäude in Ingolstadt, bis ins 15. Jahrhundert Residenz der Ingolstädter Herzöge.

Hohe Schule

Ursprünglich für die Armen der Stadt errichtet, gründete Herzog Ludwig der Reiche hier 1472 die Erste Bayerische Landesuniversität. Die sogenannte Hohe Schule zählte zu den wichtigsten Universitäten im deutschsprachigen Raum. Hier lehrte u. a. Luthers römischer Gegenspieler Johannes Eck.

Kreuztor

Markanter Torturm, Teil der Stadtbefestigung aus dem späten 14. Jahrhundert; ehemals Zufahrt

Altstadt von Ingolstadt

zum Aussätzigenhaus zum Heiligen Kreuz.

Franziskanerkirche

Gotische Klosterkirche, deren Baugeschichte ins 13. Jahrhundert zurückreicht. Viele Grabstätten von Professoren der Universität und Stadthonoratioren.

 Gasthof:

Ölbaum
Bei der Schleifmühle 34
85049 Ingolstadt
Telefon: 08 41/9 31 25 75
www.im-oelbaum.de

 Unterkunft:

KULT-Hotel
Theodor-Heuss-Straße 25
85055 Ingolstadt/Germany
Telefon: 08 41/9 51 00
www.kult-hotel.de

 Kirchen:

Evangelisch:
St. Matthäus Ingolstadt
Schrannenstraße 7
85049 Ingolstadt
Telefon: 08 41/93 37-13
www.matthaeus-ingolstadt.de

Katholisch:
Liebfrauenmünster
Kupferstraße 34
85049 Ingolstadt
Telefon: 08 41/93 41 50
www.muenster-ingolstadt.de

 Informationen:

Tourist Information im
Alten Rathaus
Rathausplatz 2
85049 Ingolstadt
Telefon: 08 41/3 05-30 30
www.ingolstadt-tourismus.de

Regensburg

Im sogenannten Staufferhof verbrachte Argula von Grumbach schon als Kind Zeit mit ihrer Mutter; auch als Erwachsene wird sie mehrmals dort gewesen sein. 1524 trifft sich dort eine Allianz der antilutherischen Kräfte; im Vorfeld schrieb Argula einen Brief an den Rat der Stadt.

 **Anreise-möglichkeit:**

- *Bahn:* IC-Strecke Nürnberg-Passau; Regionalbahnen
- *Auto:* A 3 Nürnberg – Passau; A 93 Pfaffenhofen – Weiden
- *Fahrrad:* Donauradweg, Naabtalradweg, Falkensteinradweg, Regental-Radweg

Einwohner: 138.000
Lage: Im Zentrum der Oberpfalz an der Donau.

 Sehenswürdigkeiten aus Argulas Zeit:

- Das frühgotische Alte Rathaus stammt im ältesten Teil aus der Mitte des 13. Jahrhunderts. Im Saal (siehe Abbildung nächste Seite unten) fanden 1532, 1541, 1556 und ab 1594 regelmäßig Reichstage des Heiligen Römischen Reichs statt.

- Steinerne Brücke über die Donau, 1146 fertiggestellt, gilt als Meisterwerk hochmittelalterlicher Ingenieurskunst.

- Oswaldkirche. Im späten 13. Jahrhundert wurde hier ein Spital gegründet, an das die Kirche gebaut wurde. Seit 1552

finden hier evangelische Gottesdienste statt.

 Gasthaus

Historisches Eck
Watmarkt 6
93047 Regensburg
Telefon: 09 41/46 52 47 36
www.historisches-eck.de

 Unterkunft

Hotel Goldenes Kreuz
Haidplatz 7
93047 Regensburg
Telefon: 09 41/5 58 12
www.hotel-goldeneskreuz.de

☞ Die 1250 erbaute Patrizierburg
diente zahlreichen Fürsten und
Kaisern, darunter Kaiser Karl V., als
Herberge.

 Kirchen

Evangelisch
Dreieinigkeitskirche

Am Ölberg 1
93049 Regensburg
Telefon: 09 41/2 24 44
www.dreieinigkeitskirche.de

Katholisch
St. Emmeram
Emmeramsplatz 3
93047 Regensburg
Telefon: 09 41/5 10 30

 Informationen

Tourist Information
Altes Rathaus
Rathausplatz 4
93047 Regensburg
Telefon: 09 41/5 07 44 10
www.regensburg.de/tourismus

 Lese-Tipp:

Dietrich Albrecht (Hg.):
Regensburg – Stadt der Reichstage, Regensburg 1994

115

Köfering

Im Wasserschloss (siehe Abbildung rechts) hielt sich Argula als Kind mit ihrer Mutter bisweilen auf. Später besuchte Argula Köfering mehrmals. Hier lebte Argulas Bruder Gramaflanz mit seiner Frau Anna von Schlick.

 Anreisemöglichkeit:

- *Bahn:* Regionalbahnstrecke Donauwörth – Regensburg – Neufahrn

- *Auto:* A 3 Nürnberg – Passau, Anschlussstelle Obertraubling

- A 93 Pfaffenhofen – Weiden, Anschlussstelle Köfering

- *Fahrrad:* Nähe Donauradweg, Naabtalradweg, Falkensteinradweg, Regental-Radweg (Über Regensburg)

 Sehenswürdigkeit aus Argulas Zeit:

Die Köferinger Burg war seit 1427 im Besitz der Stauffer; während des Aufstandes des Löwlerbundes, an dem auch Argulas Onkel Hieronymus beteiligt war, wurde sie 1491 zerstört, dann wieder aufgebaut. Der heutige Zustand geht auf einen Wiederaufbau im 18. Jahrhundert zurück.

Wasserschloss Köfering
Kirchstraße 5
93096 Köfering

 Gasthof

Gasthof zur Post
Hauptstraße 1
93096 Köfering
Telefon: 0 94 06/29 34

☞ Gasthaus seit dem späten 17. Jahrhundert.

 Unterkunft:

Am See
Teichstraße 6
93073 Neutraubling
Telefon: 0 94 01/9 46-0
www.hotel-am-see.com

Kirche:

Evangelisch:
Evang.-Luth. Kirchengemeinde
Uhlandstraße 4
93073 Neutraubling

Telefon: 0 94 01/12 90
www.evangelisch-neutraubling.de

Katholisch:
St. Michael-Kirche
Buchenstraße 11
93096 Köfering
Telefon: 0 94 06/5 70
www.pfarrei-koefering.de

 **Informationen:**

Gemeinde Köfering
Schulstraße 11
93096 Köfering
Telefon: 0 94 06/28 32-0
www.koefering.de

Coburg

Am 15. April 1530 traf ein 200-köpfiger Tross des sächsischen Kurfürsten Johanns des Beständigen aus Wittenberg ein und machte Station auf dem Weg nach Augsburg. Martin Luther blieb aus Sicherheitsgründen in Coburg und bezog Quartier in der Veste. Am 2. Juni besuchte ihn Argula von Grumbach hier; die beiden sprachen über kirchliche und politische Entwicklungen, aber auch über Privates.

Einwohner: 41.000
Lage: in Oberfranken an der Itz zwischen dem südlichen Vorland des Thüringer Waldes, den Langen Bergen und dem Maintal.

- *Auto:* A 73 Nürnberg – Suhl, Anschlussstelle Coburg
- *Fahrrad:* Rodach-Itzgrund-Radweg

 Anreisemöglichkeit:

- *Öffentlicher Nahverkehr:* Mehrere Regionalstrecken Richtung Weiden, Lichtenfels

Sehenswürdigkeiten aus Argulas Zeit:

- **Die Veste Coburg** (siehe Abbildung unten und übernächste Seite) ist eine der größten und am besten erhaltenen Burg-

anlagen Deutschlands. Ihre Baugeschichte reicht zurück ins 11. Jahrhundert. In den Kunstsammlungen sind viele Bilder aus der Reformationszeit zu sehen; die sogenannte Lutherstube versucht die Einrichtung von Luthers Kammer nachzuempfinden. Veste Coburg, Telefon: 0 95 61/8 79-0

- **Morizkirche** – älteste Kirche Coburgs, seit 1520 evangelisch (siehe Abbildung oben). Im Jahr 1530 befand sich das Kirchenschiff im Neubau. Luther predigte in der Osterwoche hier.

 Gasthof:

Brauhaus zu Coburg
Nägleinsgasse 4
96450 Coburg
Telefon: 0 95 61/7 05 91 92
www.brauhaus-coburg.de

☞ Traditionslokal nahe dem Marktplatz, Teil eines schon im 14. Jahrhundert erwähnten historischen Gebäudes.

 Unterkunft:

Hotel Gasthof Gerberhof
Gerbergasse 1
96450 Coburg
Telefon: 0 95 61/87 11 87
www.hotel-gerberhof.com

Kirchen:

Evangelisch:
Stadtkirche St. Moriz
Pfarrgasse 7
96450 Coburg
www.morizkirche-coburg.de

Katholisch:
Stadtpfarrkirche St. Augustin
Festungsstraße 2
96450 Coburg
Telefon: 0 95 61/8 83 50
www.st-augustin-coburg.de

 Informationen:

Tourismus Coburg
Herrngasse 4
96450 Coburg
Telefon: 0 95 61/89-80 00

 **Lesetipps:**

Kunstsammlungen der Veste
Coburg (Hg.): Mit Luther durch
die Kunstsammlungen, Coburg
1996
Martin Luther: Briefe von der
Veste Coburg, München 1967

Augsburg

Mitte Juni 1530, zur Zeit des Augsburger Reichstags, verbrachte Argula von Grumbach ein paar Tage in der Stadt. In Hintergrundgesprächen trug sie dazu bei, dass die verschiedenen evangelischen Vertreter über das strittige Thema Abendmahl wieder ins Gespräch kamen.

 **Anreise-möglichkeit:**

- *Bahn:* ICE-Strecke Stuttgart – München, Nürnberg – München, Regionalbahnen Richtung Donauwörth und Allgäu.
- *Auto:* A 8 Stuttgart-München
- *Fahrrad:* Landrat-Dr.-Frey-Radweg, Paartaltour, Romantische Straße

Einwohner:	273.000
Lage:	Hauptstadt des bayerischen Bezirks Schwaben, 60 km westlich von München.

 Sehenswürdigkeiten aus Argulas Zeit

- Die **St. Anna-Kirche** gehörte zum 1534 aufgelösten Karmelitenkloster, in dem Martin Luther während seines Augsburg-Aufenthaltes wohnte. Seit 1525 wurde hier Abendmahl nach lutherischem Ritus gefeiert. 1531 zog in das Gebäude das Gymnasium St. Anna ein. In den Nebenräumen der Kirche befindet sich heute die Luther-Stiege, ein theologisch-

Auch heute ist die Augsburger Fuggerei eine eindrucksvolle Anlage.

historisches Museum, das die Geschehnisse der Reformationszeit nachzeichnet. www.gymanna.de, www.st-anna-augsburg.de, www.st-anna-augsburg.de/lutherstiege

- **Basilika St. Ulrich und Afra**. Die übergroße Muttergottesfigur von Gregor Erhart war schon zu Argulas Zeiten in der Kirche zu sehen. www.ulrichsbasilika.de
- **Fuggerei**. Der Augsburger Bankier Jakob Fugger stiftete ab 1516 die erste Sozialsiedlung der Welt. Hier fanden von Armut bedrohte Menschen eine billige Bleibe. www.fugger.de
- Die **Fuggerhäuser** in der Maximilianstraße errichtete Jakob Fugger von 1512 an im Renaissancestil als Stadtresidenz. Hier war das Zentrum des Fuggerschen Familienimperiums. Vom 7. bis 20. Oktober 1518 stellte Fugger seine Zentrale für das Verhör Martin Luthers durch Kardinal Cajetan zur Verfügung.

 ## Gasthaus

Brauhaus 1516
Viktoriastraße 1
86150 Augsburg
Telefon: 08 21/4 54 04 80
www.brauhaus1516.de

 Die ehemaligen Spielkameraden Argulas am Münchner Hof, Wilhelm und Ludwig, setzten als Herzöge 1516 in Ingolstadt das bayerische Reinheitsgebot für Bier in Kraft. Dieses Brauhaus mit Küche sieht sich in dieser Tradition des reinen Bieres.

Unterkunft

Augsburger Hof
Auf dem Kreuz 2
86152 Augsburg
Telefon: 08 21/34 30-50
www.augsburger-hof.de

 ## Kirchen

Evangelisch:
Heilig Kreuz Kirche
Ottmarsgäßchen 6
86152 Augsburg
Telefon: 08 21/51 85 53
www.heilig-kreuz-augsburg.de

Katholisch:
Hoher Dom zu Augsburg
Kornhausgasse 8
86152 Augsburg
Telefon: 08 21/31 66-85 11

 ## Informationen

Tourist-Information
Am Rathausplatz 1
86152 Augsburg
Telefon: 08 21/5 02 07-0
www.augsburg-tourismus.de

 ## Lese-Tipp:

Magnus Ulrich Ferber: Augsburg im 16. Jahrhundert. München 2012

Zeilitzheim

Bezug zu Argula: Hier verbrachte Argula von Grumbach die letzten Jahre ihres Lebens; vermutlich starb sie hier im Jahr 1554.

 **Anreise-möglichkeit:**

- *Öffentlicher Nahverkehr:* Linienbus von Schweinfurt
- *Auto:* A 3 Nürnberg – Frankfurt/Main, Anschlussstelle Wiesentheid
- A 7 Kassel – Würzburg, Anschlussstelle Werneck
- A 70 Schweinfurt – Coburg, Anschlussstelle Schwebheim
- *Fahrrad:* Zwischen dem Main-Steigerwald-Radweg und dem Main-Radweg.

Einwohner: 729
Lage: Ortsteil von Kolitzheim im südlichen Landkreis Schweinfurt in Unterfranken.

 Sehenswürdigkeit aus Argulas Zeit:

Evangelische Kirche St. Sigismund, errichtet 1451. Die steinerne Kanzel stammt aus dem frühen 16. Jahrhundert; deren Dach zeigt das alte christliche Symbol des Pelikans, der sich für das Leben seiner Jungen opfert. Ein kryptenähnlicher Raum unter dem Altarraum könnte eine alte Kapelle sein, die schon vor der jetzigen Kirche existierte.

Marktplatz von Zeilitzheim

 Gasthof:

Gasthaus „Zur Sonne"
Marktplatz 11
97509 Zeilitzheim
Telefon: 0 93 81/71 66 41,
www.sonnenbistro.de,

 Unterkunft:

Schloss Zeilitzheim
Telefon: 0 93 81/93 89
Fax: 0 93 81/37 10
www.barockschloss.de

☞ Hier gibt es neben einem „Argula von Grumbach"-Zimmer auch
ganzjährig kulturelle Veranstaltun-
gen.

 Kirchen:

Evangelisch:
Ev. Kirche St. Sigismund

Marktplatz 1
97509 Kolitzheim-Zeilitzheim
Telefon: 0 93 81/24 70
www.zeilitzheim.de

Katholisch:
Kirche Allerheiligste
Dreifaltigkeit
Graf-Schönborn-Straße 4
97509 Kolitzheim-Zeilitzheim
Telefon: 0 93 82/3 10 19 71
www.pg-marienhain.de

 Informationen

Tourist-Information
Rathausstraße 1
97509 Kolitzheim
Telefon: 0 93 85/97 10-25,
www.kolitzheim.de

Hausham

In Hausham steht die einzige nach Argula von Grumbach benannte Kirche. Ursprünglich als provisorisches Montagegemeindehaus geplant, dient sie heute als Mehrzweckgebäude für Gottesdienste und Gemeindegruppen. 1999 wurde ein Kirchturm mit zwei Glocken angebaut (siehe Abbildung nächste Seite).

Einwohner: 8.000
Lage: Am Alpenrand im oberbayerischen Landkreis Miesbach im Tal der Schlierach zwischen Miesbach und Schliersee

Anreise-möglichkeit:

- *Öffentlicher Nahverkehr:* Regionalbahnstrecke München – Bayrischzell
- *Auto:* A 8 München-Salzburg, Anschlussstelle Miesbach

- *Fahrrad:* Bodensee-Königssee-Radweg

Gasthof und Unterkunft:

Gasthof „Zierer Stuben"
Miesbacher Straße 30
83734 Hausham
Telefon: 0 80 26/9 16 60
www.zierer-stuben.de

Kirchen

Evangelisch:
Argulakirche Hausham
Agatharieder Weg 10
83734 Hausham
www.miesbach-evangelisch.de

Katholisch:
Pfarrkirche St. Anton
Geißstraße 2
83734 Hausham

Telefon: 0 80 26/83 60
www.pv-hausham-agatharied.de

 Informationen:

Tourismusverband Alpenregion
Tegernsee – Schliersee e. V.
Hauptstraße 2
83684 Tegernsee
Telefon: 0 80 22/9 27 38 90
www.tegernsee-schliersee.de

Über den Autor

Der evangelische Theologe Uwe Birnstein (geboren 1962) arbeitet seit 1989 freiberuflich als Autor und Redakteur für Zeitschriften, Hörfunk und Fernsehen. Er veröffentlichte mehrere Bücher zu theologischen und historischen Themen. Zum Thema Reformation zuletzt erschienen: *Der Reformator. Wie Johannes Calvin Zucht und Freiheit lehrte,* Berlin 2009; *Der Erzieher. Was Philipp Melanchthon Europa lehrte,* Berlin 2010.

Infos und Kontakt, auch für Lesungsanfragen: www.birnstein.de

Bildnachweis

Titel, 9, 20, 44, 69, 81, 99, 103, 104, 106, 115, 118, 120, 124, 125: Birnstein; 12: MacElch/wikimedia CC 3.0; 16: Daderot/Wikimedia; 18, 19, 35, 46, 48, 56: wikimedia; 28: Brian Clontarf/Wikimedia; 30, 68, 71: Archiv; 98: Büro für Burgenforschung Dr. Zeune 2008; 101: davis/fotolia.com; 105: Gert Salewsky/wikimedia CC3.0; 107: Holzheimer; 109: Andreas Praefcke/wikimedia; 110: DeVIce/fotolia.com; 111: MarcelBuehner/wikimedia CC 3.0; 112: schreckenstein/fotolia.com; 114 sonjanovak/fotolia.com; 117: JFKCom/wikimedia CC 3.0; 119: Störfix/wikimedia CC 3.0; 120: Presse03/wikimedia CC3.0; 121: manfredxy/fotolia.com; 122: High Contrast/wikimedia CC 3.0; 126: Nuvolari/Wikimedia CC 3.0; 127: Kirchengemeinde Hausham; hinterer Umschlag: Kronbichler/hoffotografen